남도 자전거 여행

김정구 지음

박문사

청포

임자도

홍도
흑산도

자은도 암태
팔금
안좌도

진도 조도

첨

오서산

계족산

호남평야　마이산　함양 상림

성수산　웅석봉

지리산　황매산

흑령산　곤방산

주시

모후산

나주호　선암사

고동산 상사호

남해 금산

청산도

제주도

자연의 아름다움을 느끼고,
삶의 활력을 채워주는 자전거

    2006년 10월 어느 가을날 아침, 조간신문
을 펼쳐 든 나는 신문의 반면을 차지한 커다란 컬러사진 한 장에 얼어
붙고 만다. 이제 막 단풍이 빨갛고 노랗게 물들어 가는 그림 같은 산
중턱에 원색의 복장을 한 사람이 자전거의 안장에 앉아 있는 사진이
었다.

    자전거를 타고 있는 사람은 다름 아닌 원로 코미디언으로 원맨쇼의
1인자로 유명한 고 백남봉 선생이었다. 선생의 당시 나이는 67세, 평소
에 자전거 타기를 예찬한 선생께서 MTB(산악자전거)를 타고 산길을
달리는 모습이었다.

    사진 아래 난 기사를 단숨에 읽어 내려간 후, 'MTB야말로 내가 하
고 싶었던 운동이다.'라는 생각이 듦과 동시에, 하루 빨리 시작하여야
겠다고 마음먹었다. 소위 필이 꽂혔던 것이다. 그날 저녁 지인의 소개
를 받아 MTB 숍에서 자전거를 당장 구입하였다.

    이렇게 시작된 MTB자전거와의 만남은 어언 10년이 되었다. 그동안

주말이면 어김없이 자전거를 싣고 집을 나서게 되었고, 산과 들, 강과 바다를 찾아 라이딩Riding을 하였다. 주말이 기다려지고 바쁜 일이 있으면 주말에 자전거를 타기 위해 주중에 더 부지런히 생활하여 일을 마무리짓곤 하였다. 라이딩은 힐링이었다. 자연 속에서 한나절, 또는 하루를 보내고 오면 내 몸은 새로운 에너지로 충만하였다. 물론 건강도 더욱 좋아졌다. 늘어나던 체중은 더 이상 늘지 않았고, 체력에 대한 자신감도 조금씩 생겨났다.

그러는 사이 아내와 세 아이들에게도 자전거를 선물하였다. 그리고 아이들과 문화유적지와 명승지, 축제장 등 현장학습을 떠날 때면 자전거도 함께 갔다. 여름철 가족휴가를 나설 때도 가족 모두가 자전거를 함께 탈 수 있는 장소가 우선적으로 고려되었다.

평소 토요일과 일요일 중 하루는 가족과 함께 라이딩을 하려고 노력하였으며, 혹 사정이 있어 모두가 같이 나서지 못하면 혼자 라이딩에 나서곤 하였다.

수년간의 라이딩 기간 동안, 조그만 낙차落車(자전거와 함께 넘어짐)에서 큰 낙차에 이르기까지 사고가 없었던 것은 아니다. 그러나 낙차를 경험할수록 더 조심하게 되고 겸손한 라이딩을 터득하게 되면서 그 횟수는 점점 줄어들었다.

해프닝Happening도 있었다. 수년 전 금강錦江 탐방에 나섰을 때이다. 종일 라이딩으로 인해 심신이 무척 지쳐 있었다. 논산에서 강경까지 강을 거슬러 올라간 다음 출발지로 돌아오는 길이었는데, 지름길을 찾아 출발지로 어서 빨리 돌아오려는 일념에 그만 고속도로를 국도로 착각하여 가드레일을 넘어 들어가고 말았다. 지나가는 자동차들이 신고를 하여 패트롤카(경찰순찰차)가 출동하여 인도를 받은 일도 있었다.

이 책에 기록한 글들은 지난 10여 년간에 걸친 나의 라이딩 기록의 일부이다. 주말 라이딩과, 여름과 겨울 휴가기간의 경험담이 대부분이다. 라이딩을 마치고 돌아와 보고 느낀 점들을 잊어버리지 않으려고 간단히 메모해 두었다가 틈틈이 정리한 내용들이다. 그때그때 적어두지 않으면 나중에는 쓸 내용이 생각나지 않는다. 좀 더 부지런하였더라면 더 많은 이야기들을 남길 수 있었을 텐데 하는 아쉬움이 남는다.

한 번 갔던 지역과 장소를 재차 가기도 하고, 가까운 곳, 마음에 드는 곳은 여러 차례 반복해서 가기도 하였다. 라이딩 햇수가 늘어나면서 행동 반경은 조금씩 넓어졌고, 새로운 곳을 찾아 점점 더 멀리 가게 되었다. 신문과 여행잡지, 그리고 여행기를 읽으면서 자전거여행이 적당한 지역과 장소를 물색하게 되었고, 특히 정기구독을 하게 된 월간 《자전거 생활》과, 이 잡지의 발행인(김병훈)이 펴낸 다수의 자전거 여행 안내 책자를 통해 MTB코스와 자전거 여행에 대한 많은 정보를 얻을 수 있었다.

끝으로, 나의 자전거 여행담을 책으로 펴내게 된 데에는 두 가지 이유가 있다.

하나는, 자전거를 타는 즐거움과 자전거여행의 유익함을 많은 사람과 공유하기 위함이다. 처음 MTB를 시작하면서 나는 다른 사람의 라이딩 기록을 무척 재미있게 읽었던 기억이 있다. 자전거와 관련된 책과 글이 보이면 곧바로 구입하여 읽었고, 그 글의 저자가 자전거를 타면서 느끼는 감정과 경험을 나 또한 함께 느끼고 경험하려 하였다.

중국의 시인 소동파는 《적벽부赤壁賦》에서, "저 강 위의 청풍淸風과 산 위의 명월明月은 귀와 눈을 갖다 대면 음악이 되고 그림이 되지 않는가! 누가 가져다 즐겨도 말리는 사람 없고, 아무리 써도 없어지지 않는다."라고 하였다.

그렇다. "자연은 누리는 자의 것이다." 자전거를 타고 집을 나서면 산과 강, 바다가 그곳에 있다. 아무리 써도 닳지 않는 무진장의 보물인 대자연의 아름다움을 더 많은 사람이 즐기고 느낄 수 있다면 더없이 좋겠다.

다른 하나는, 아이들을 위해서다.

세 아이들은 자전거맨이 되어 버린 아빠 덕분에 어려서부터 일찍이 자전거를 타게 되었다. 주말 나들이에도, 여름휴가 때에도, 1박 2일 여행길에도, 하물며 가까운 공원이나 체육시설지로 야구나 축구 등 다른 운동을 하러 갈 때마저도 아빠와 함께이면 어김없이 자전거를 타야 했다. 때로는 자전거 없이 가고 싶었을 것이다.

그동안 불평 없이 따라준 아내와 아이들이 고맙다. 그러나 요즘은 아이들이 상급학교로 진학을 하게 되면서 가족 모두가 함께 자전거를 타는 기회가 적어지고 있다.

나는 아이들이 어른이 되어서도 자전거를 타기를 소망한다.

때로는 취미로, 때로는 레저로, 때로는 건강을 위한 운동으로, 항상 함께하기를 희망한다. 자전거를 타고 산과 들, 강과 바다, 하늘과 바람, 대자연을 가까이 느끼면서 활력이 넘치는 삶을 살아가기를 희망한다.

따라서 아빠의 라이딩 기록을 정리함으로써, 이를 읽은 아이들이 자전거에 대한 관심과 흥미를 잃지 않고 앞으로도 자전거와 함께하는 생활을 해 주길 기대하고, 또 바라는 마음이다.

2015년 가을

김 정 구

Contents

황매산 철쭉

봄^春

자전거 여행이 어울리는
제주도 해안 길

파도가 심상치 않다. 저 멀리 검푸른 바다에서 쉼 없이 달려오는 파도가 남해고속 제7페리의 뱃머리에 부딪혀 하얀 포말을 일으키며 부서지는 모습은 청산도, 조도, 보길도, 선유도 등 연안해의 섬들을 오고 가면서 보았던 그 잔잔하고 얌전한 바다 모습이 아니다.

전남 고흥 녹동항을 오전 9시에 출항하여 1시간쯤 지나자, 주위 사방에는 섬 하나 보이지 않고 오로지 하늘과 맞닿은 망망대해茫茫大海의 파도만이 출렁이고 있었다.

페리는 당초의 제주항 도착 예정시간을 50분 정도 초과하여 오후 1시 40분에 제주항에 무사히 도착하였다. 평소에는 4시간 정도 걸리던 시간이 오늘은 높은 파고로 인해 많이 늦어졌다고 한다.

자전거를 끌고 여객선 터미널을 빠져나오자 택시가 다가와 어디로 갈 것인지 행선지를 물어온다. 택시에 자전거를 싣고 서귀포로 갈 생각이라 말하니, 흔쾌히 실어주신다. 앞바퀴를 분리하여 자전거를 뒷좌석에 싣고 나는 조수석에 앉는다. 서귀포 KAL호텔까지 요금은 3만원이다.

의자를 최대한 뒤로 젖히고 머리 또한 의자 깊숙이 대고, 가장 편안한 자세로 창밖의 경치를 바라본다. 연둣빛 싱그러움이 가득한 봄의 전경이 파노라마 사진처럼 언뜻언뜻 스쳐 지나간다. 도로 양편으로 줄지어 서 있는 야자나무 가로수가 이곳이 다름 아닌 제주도임을 말해 준다. 가끔 지나는 시가지의 모습은 질서 정연하고 맑고 깨끗한 공기로 가득 차 있는 듯 시원스럽게 느껴진다.

"백문이 불여일견百聞不如一見"이라는 말이 생각난다.

이번 제주도 방문은 직장 일과 관련된 1박 2일의 세미나 일정이 있어서 온 것이다. 마침 첫날은 오후에 세미나가 시작되고 이튿날 일정은 오전에 모두 마감된다. 그 다음날은 토요일, 일요일이 계속된다. 그래서 자전거를 가지고 가면 예전부터 꼭 한번 하고 싶었던, 제주도 해안 라이딩을 실현할 수 있겠다고 생각하였다.

문제는 자전거를 가지고 갈 경우, 배를 이용하는 것이 여러 가지로 편리한데 제주항에 도착하여 세미나 장소인 서귀포의 호텔까지 가는 것이 걱정이었다. 세미나 시작 전에 도착하기 위해서는 제주항에서 서귀포까지의 80킬로 거리를 자전거로 달려갈 수는 없고, 차에 싣고 가야 하는데 택시가 잘 실어줄까를 염려하였던 것이다. 그러나 기우杞憂였다.

제주도는 국내 최고의 관광지이고 아름다운 해안선을 따라 자전거 일주여행을 즐기는 라이더들도 많은 관계로 택시나 버스 등 대중교통들은 자전거를 실어주는 것이 일반화되어 있었다. 그런지도 모르고 고민하였던 것이다. 역시 직접 체험하는 것 이상의 공부는 없다.

40여 분 정도 걸려 서귀포 KAL호텔에 도착하였고, 자전거는 호텔 1층 카운터에 맡기고 곧바로 세미나에 합류하였다. 이렇게 하여 첫날 오후와 저녁, 그리고 다음날 오전까지는 공식적인 행사에 충실하였다.

다음날 오전 11시 폐회식을 끝으로 세미나 일정은 모두 끝났다. 난 자유인이 되어 드디어 잔차*에 오른다.

하늘은 파랗고 구름 한 점 없는 쾌청한 날씨이다.

잔차에 올라 호텔 앞뜰을 한 바퀴 휭 돌고, 쌩하니 경쾌한 페달링Pedaling으로 미리 봐두었던 해안 길을 향해 달려 나간다. 이제부터 내일 오후 5시 제주항을 떠날 때까지, 애마 '부운浮雲(내 자전거의 애칭)'과 함께 제주도 해안을 맘껏 달린다고 생각하니 하늘을 날 것 같은 기분이다. 다리의 핏줄에 힘이 솟고 허리 돌림이 그 어느 때보다 가볍고 유연하다.

왼편 저 멀리 한라산이 높이 솟아 있고 우측 시야에는 파아란 바다가 보인다. 길가에 흐드러진 유채꽃은 햇빛에 반사되어 한층 더 노란 빛깔로 아름답기 그지없다. 코와 입을 크게 벌려 들이마시는 공기에는 상큼한 바다내음이 가득하다.

---

* 자전거의 사투리. 자전거를 타는 사람들은 자전거를 흔히 '잔차'라고 부른다. 이하의 글에서는 잔차라는 표현을 혼용함.

성산일출봉으로 가는 해안, 정성으로 쌓아 올린 돌탑에서 바다를 향한 기도의 간절함을 느낀다.

라이딩은 1132도로를 중심으로 시계 반대 방향으로 나아간다. 가능한 한 파도 소리를 많이 들을 수 있는 라이딩을 하기 위해 1132도로와 연결된 해안도로가 나타나면 그 도로를 따라 달려간다. 1132도로에서는 갓길에 조성된 자전거 길을 이용하고, 해안도로에서는 우측 가장자리로 달린다. 지나가는 차량은 그다지 많지 않아 불편함을 못 느낀다. 저 멀리 보이는 성산일출봉이 1차 목적지이다.

갈매기가 춤추면 멈추고 등대가 보이면 한 컷 찍으면서, 조금도 서두르지 않는 여유로운 라이딩을 즐긴다. 정오를 조금 지나 '남원포구'에 도착하였다. 깔끔한 식당에서 '뚝배기'로 점심을 한다. 혼자 먹기에 알맞은 양의 해산물이 들어 있는 해물탕이다. 그 이름도 구수한 뚝배기가 이름만큼 맛도 좋고 시원하다. 무엇보다도 크고 작은 전복이 들어 있어 대 만족인데, 전복은 완도가 유명하다지만 제주도가 더 유명하다는 것은 나만 몰랐던 것 같다.

도중에 해녀복 차림을 한 10여 명의 해녀들이 검은 암석이 얕게 깔린 바닷가 물속에서 무언가 작업을 하고 있다. 가까이 다가가 물어본다. 수협水協(수산업협동조합)에서 가져 온 치어전복(어린전복)을 바닷물 속에 놓아 주고 있다고 한다.

크고 작은 돌과 바위가 많으면서 지형이 육지 쪽으로 넓고 둥글게 마치 주걱 모양처럼 파고 들어온 해안에 전복의 씨(치어전복)를 뿌려두면, 썰물과 밀물에도 멀리 떠내려가지 않고 그 주변에서 자라게 된다고 한다. 수년 후 전복이 다 자라면 그곳에서 채취하기만 하면 된다고 하니, 자연산 전복이나 다름없다. 그래서 점심에 먹었던 뚝배기의

수협에서 가져온 전복치어를 해녀들이 방류하는 모습

노란 유채꽃과 성산일출봉이 아름답다.

전복이 그렇게 싱싱하고 맛있었던 모양이다.

서귀포, 남원, 표선, 섭지코지를 지나 성산으로 가는 해안 길은 고 개도 없이 평탄하고, TV 속 남태평양의 어느 섬에서 보았던 에메랄드 빛 바다가 끊임없이 이어진다. 바다 색깔 중 가장 아름다운 색은 역시 에메랄드빛(비취빛)이 아닐까 싶다.

가다 말다 쉬어 가고, 쉬다 말다 걸어가는 그야말로 관광하는 듯 천 천히 라이딩하며 여유롭게 왔음에도 오후 7시가 채 되기 전에 '성산일 출봉' 아래 아담하게 자리한 성산읍에 도착한다. 먼저 숙소를 정하고 난 뒤, 식당을 찾아들어 장어 정식과 맥주 한 잔으로 오늘의 피로를 풀고, 내일의 체력을 비축한다. 숙소로 돌아와서는 오랜만에 집을 떠나와서인지 쉽게 잠을 이루지 못하고 새벽에야 잠이 들었다.

아침에 일어나니 어제의 여독이 남아서인지 몸이 조금 무겁게 느껴지긴 했지만, 파란 하늘과 바다를 바라보면서 큰 기지개를 펴듯 몇 번의 스트레칭을 하고 나니 훨씬 가벼워진 느낌이다. 오늘도 어제와 마찬가지로 쾌청한 하늘이다. 주변 식당에서 만둣국으로 아침을 하고 김밥 세 줄을 사서 배낭에 넣는다.

성산에서 김녕으로 가는 길은 줄곧 성산일출봉을 뒤로하고 해안선을 따라간다. 해안도로는 이따금씩 작은 동리를 지나기도 한다. 만나는 사람은 많지 않고, 지나는 차량도 별로 없어 한적하고 아늑한 느낌이다. 가끔 라면과 한치구이를 맛볼 수 있는 간이식당이 보이고, 컨테이너 박스를 이용한 작은 편의점도 있다.

오후가 되면서 요란한 스쿠터와 자주 조우遭遇한다. 오늘이 토요일, 오전에 제주도에 입도入島한 관광객들 중에 젊은 청년들이 스쿠터를 렌트하여 해안을 따라 달려가고 달려온다. 삼삼오오 무리지어 친구들끼리, 또는 다정한 연인끼리 제주도의 아름다움을 만끽하면서 여행하는 모습이 참 좋아 보인다. 단지 스쿠터는 요란한 소음과 뒤로 내뿜는 연기가 많은 게 흠이다. 어쨌든 스쿠터가 젊은 여행자들에게 움직이기 편리한 교통수단인 것은 사실이다. '자전거는 더 좋은데……' 하고 갑자기 자전거의 이점利點을 저들에게 설파하고 싶은 마음이 생기는 건, 역시 내가 잔차맨이라서 일까.

경치를 제대로 감상하려면 걷거나 자전거를 타야 그 진수를 맛볼 수 있다고 말한다. 전적으로 동감이다. 자동차 창밖으로는 경치를 절반밖에 보지 못한다. 이는 자전거를 타거나 걸어 보면 금방 알 수 있다.

어깨에 멘 배낭이 점점 무겁게 느껴지기 시작한다. 그만큼 체력을 많이 썼다는 반증일 것이다. 구두와 양복이 들어 있어 그 무게가 만만치 않다. '호텔에서 짐의 일부를 택배로 보냈더라면 좋았을 텐데.'라는 생각을 여러 차례 한다. 난 평소에 라이딩을 하면서 가능한 한 배낭을 잘 메지 않는 습관이 있다. 그 대신 핸들 바와 안장에 작은 가방을 매달아 웬만한 소지품은 여기에 수납하여 다닌다.

김녕해수욕장은 눈이 부시도록 하얀 백사장과 에메랄드빛 바다가 조화를 이룬 참으로 아름다운 해수욕장이다. 연인처럼 보이는 남녀 두 사람이 신발을 손에 들고 얕은 바닷물 속을 다정하게 걸어가고 있다. 한 폭의 수채화 그림 같다.

해변이 잘 내려다보이는 나무 그늘에 자리를 잡고 잠시 휴식을 취한다. 언젠가는 가족들 모두를 데리고 이 해안을 따라 멋진 라이딩을 하는 그림을 상상 속에 그려본다.

김녕을 오는 도중에 내 잔차에 부착한 속도계는 드디어 누적거리 8,000킬로를 넘어섰다. 자전거를 타기 시작한 지도 어언 4년, 우리나라를 휴전선과 해안을 따라 일주하면 약 4,000킬로라 하니 그동안 두 바퀴를 돈 셈이다.

MTB 자전거를 탐으로써 좋은 점을 들라 하면 한두 가지가 아니지만 그중에서도 첫째는, 건강을 위한 운동효과를 말할 수 있다. 자전

한 장의 그림엽서처럼 보이는 비취빛 김녕해수욕장

거를 타고 산에 가게 되면 적어도 3, 4시간은 숲 속의 피톤치드 Phytoncide 가득한 맑고 깨끗한 공기를 마시면서 하체 근육을 튼튼하게 한다.

둘째는, 힐링 Healing 효과다. 산 좋고 물 좋은 곳을 찾아가 자전거를 타면 그동안 일상 속에서 무거워진 마음의 짐들을 덜 수 있으며, 휴식과 마음의 치유를 통해 에너지를 재충전할 수 있다.

셋째는, 호기심과 모험심을 채워준다. 가보지 않은 길, 차로 갈 수 없고 걸어서 가기에는 먼 길을 가는 데 적격이며, 특히 가보지 않은 길을 처음 감으로써 호기심과 설렘의 기쁨과 즐거움을 맛볼 수 있다.

애마 부운은 그동안 8,000킬로를 나와 함께 달리면서 건강과 휴식, 호기심과 즐거움, 아이들과의 많은 추억거리를 만들어 주었다. 좋은 친구이고 고마운 파트너이다.

잠깐 8,000킬로의 추억들을 떠올리면서 페달링을 하는 사이 함덕읍에 다다랐다. 제주 시내로 들어서기 직전의 마지막 해안도로가 이곳에 있다. 시내와 가까워서인지 리조트와 펜션들이 많고, 정자와 벤치 등 편의시설도 잘 갖추어져 있는 코스이다.

시계를 보니 오후 2시이다. 시간도 넉넉하고 이대로 제주 반 바퀴 해안 라이딩을 마감해야 한다고 생각하니 아쉬움이 남아, 함덕에서 조천리로 향하는 길에서는 자전거의 속도를 최대한 늦추어 천천히 나아간다. 드디어 제주 시내가 보인다. 시내를 통과하여 제주항으로 향해 가는 길에서는 다시 한 번 옷매무새를 가다듬고 더 멋진 자세로 다리와 허리에 힘을 준다. 차도와 보도를 넘나들면서 차와 사람들 사이를 조심해 빠져나간다. 3시 30분에 제주항 제7부두 국제선 터미널에 도착하였다.

도중에 전화로 연락하여 만나기로 한 친지가 먼저 와 기다리고 있었다. 우리 두 사람은 부둣가 식당으로 들어가 생두부에 막걸리 한잔을 기울이며 출항 시간 전까지 그동안 서로 살아왔던 삶의 이야기를 나누면서 회포를 풀었다.

5시 10분, 제주항을 출발한 카페리car ferry는 저녁 9시에 고흥 녹동항에 도착하였다. 즐거운 제주도 라이딩이었다. 총 라이딩 거리는 서귀포에서 제주항까지 138킬로였다. 훗날 다시 가면 이번에 돌아보지 못한 나머지 제주 해안 반 바퀴를 포함하여 한라산 기슭을 달려 보고 싶다.

철쭉 명소
바래봉을 오르다

3월 말부터 4월 초까지 산수유, 매화, 개나리, 벚꽃, 진달래 등의 봄꽃이 시끌벅적 난전亂廛(무질서하게 벌려진 가게)을 이룬 후, 꽃구경이 잠시 소강상태에 들어간 듯싶으면, 4월 중순부터 다시 남쪽으로부터 분홍빛 철쭉이 불타오른다. 철쭉은 대개 군락群落을 형성하여 핀다. 지리산 주변에는 철쭉 명소가 여러 군데지만 그중에서도 남원의 운봉 바래봉 철쭉이 으뜸이라 할 것이다. 바래봉 철쭉 축제는 매년 4월 말부터 5월 말까지 한 달 동안 행해진다.

오늘은 바래봉 철쭉을 보러 간다.

광주에서 남원을 거쳐 운봉읍까지는 약 80킬로이고, 승용차로 한 시간 걸린다. 바래봉 주차장에 도착해서 보니 철쭉축제는 금주부터 허브축제와 함께 시작되었다. 주차장은 관광버스와 토속음식가게가 즐비하고, 상춘객으로 인산인해人山人海이다. 주변은 공연장도 갖추고 있으며 잘 정돈된 공원이다.

　잔차에 올라 공원을 한 바퀴 일주하고 바래봉으로 오르는 인파 속
에 묻혀서 함께 오른다. 군데군데 피어 있는 연분홍 꽃을 보고 사람
들은 감탄사를 연발한다. 임도길 초입 1킬로는 아스팔트 도로이고, 잠
시 크고 작은 돌들이 널려 있는 흙길까지는 잔차를 타고 간다. 그러나
그 다음에 이어지는 폭 넓은 돌길이 문제이다. 사각형의 큰 돌(쑥돌)
을 깔아 놓았는데, 사람들은 이 돌을 밟고 걸어가게 된다. 굳이 이런
돌들을 흙에 박아서까지 길을 만들어야만 했을까 하는 의문이 든다.
잔차에서 내릴 수밖에 없고, 그냥 걸어가기도 힘든 오르막 돌길을 잔
차를 밀고 끌면서 오르기 시작한다.

바래봉으로 가는 돌길. 등산로에 이런 돌은 아니다 싶다.

앞사람을 따라서 그렇게 가고 있는데, "뭘라 자전거를 가지고 가십니꺼, 놔두고 가시제." 하고, 구수한 전라도 방언으로 등산객 한 분이 내가 힘들어 보였는지 한마디 하신다. 난 그분을 바라보고, "고맙습니다." 하고, 웃음 지을 뿐 달리 할 말이 없다.

천신만고 끝에 주차장에서 약 2.5킬로 정도 왔을까, 뒤를 돌아보니 고원지대인 운봉읍을 감싸고도는 백두대간 지리산 능선들이 한눈에 들어온다. 여기서부터 바래봉 입구 삼거리까지는 돌 없는 흙길이어서 기분 좋게 다시 잔차에 오른다.

"여기까지 자전거를 타고 왔습니꺼?", "아저씨, 대단하시네요." 하고, 이번에는 칭찬 반 격려 반의 의미를 띤 말들을 해 주신다.

이렇게 말을 걸어오신 분들은 대개가 50대, 60대의 어른들이고, 성격이 활달해 보이는 분들이며 모두가 공통적으로 '대단하다'는 단어를 써서 칭찬해 주신다.

그러나 조금 젊어 보이는 사람들은 나를 위아래로 묵묵히 쳐다볼 뿐, 아무 말이 없다. 왜 그럴까? 그들은 부부 동반이 대부분이고, 아니면 여성과 함께 온 사람이다. 때문에 어쩌면 나의 몸에 꽉 붙는 라이딩 복장이 못마땅한 것은 아닐까? 은근히 체력을 자랑하는 듯한 내가 맘에 들지 않는 것이 아닐까? 입장을 바꾼다면 나는 어떤 기분일까?

드디어 왼쪽으로 바래봉(1,165미터) 정상이 보이는 바래봉 입구 삼거리에 도착하였다. 연분홍 철쭉이 불타고 있다. 이곳에서 저쪽에 보이는 팔랑치 고개까지, 그리고 그 너머에 위치한 1122고지까지 연결되는 산 능선에는 온통 연분홍 철쭉이 물결치고 있다.

먼저, 삼거리에서 왼쪽으로 나 있는 숲길을 따라 바래봉 정상을 향한다. 정상이 가까워질수록 경사는 심해지고 도저히 자전거는 탈 수가 없어 끌고 메야 한다. 정상에는 나무 한 그루도 없고 마치 초원인 양 푸르른 풀만 무성하다. 사방의 전망이 장관이다. 앞쪽은 지리산 준봉들이 연이어 달리고, 뒤쪽은 운봉의 널따란 고원이 눈 아래 펼쳐진다.

정상의 표지목에 부운을 기대어 놓고 기념사진을 찍는다. 마침 광주에서 왔다는 젊은 부부가 사진을 부탁한다. 서로의 사진을 찍어 주고 얘기도 나눈다. 자전거를 타는 모습을 사진에 담고 싶다고, 모델이 되어 달라 하여 기꺼이 응하기도 하였다. 이들 부부는 MTB를 타는 내 모습이 건강해 보인다고 칭찬을 아끼지 않았다. 나는 두 사람이 아주 행복해 보인다고 답하였다.

바래봉에서 삼거리로 되돌아 내려와 이번에는 우측의 팔랑치로 향한다. 능선을 따라가는 등산로의 좌우는 신록의 초록과 철쭉의 연분홍이 어우러진 그야말로 아름다운 꽃밭이다. 이렇게 멋진 철쭉을 어디서 본 적이 있었던가? 쉬 생각이 떠오르지 않는다. 흔히 '1122고지'로 불리는 봉우리까지 이르러 핸들을 되돌린다. 앞으로 더 나아가면 부운치, 세걸산, 고리봉을 지나 정령치로 가게 된다. 언젠가 기회가 나면 이 길을 따라 정령치까지 가 보고 싶다.

점심시간이 훨씬 지나 시장기를 많이 느낀다. 예쁜 꽃을 바라보면서 길가 한적한 곳에 자리하여 행동식行動食(MTB 용어로 몸에 지니고

바래봉 정상 부근

바래봉 정상에 선 '부운'이 멋지다.

다니면서 먹는 음식)으로 준비한 삼각 김밥을 꺼내 허기를 채운다. 에너지를 재충전한 후 하산 길에 나선다. 내려가는 길에서는 쑥돌을 깔아둔 지역에서도 잔차에서 내리지 않고 조심스런 다운힐(자전거로 내리막길을 타는 것)을 시도한다. 그러나 앞만 보고 내려가는 상춘객들에게 길을 비켜달라고는 말하지 못하고 수차례 잔차에서 내려 걷기도 한다.

올라올 때 그렇게 방해가 되던 돌과 자갈이, 다운힐에서는 적당히 MTB의 스릴을 느끼게 해 준다. 그러나 넘어지면 크게 다치기에 조심조심 긴장을 풀지 않고, 최대한 탐방객들에게 폐가 되지 않도록 신경을 쓴다.

여기저기에서 잔차를 타고 잘도 내려간다고 한마디씩 해 주신다. 등 뒤로 탐방객의 시선을 기분 좋게 의식하면서 돌길과 흙길을 무사히 통과하여 공원에 도착하였다. 코끝에 스치는 허브 향을 따라 허브 전시관을 구경하고, 허브 화분 두 개와 차량방향제를 기념으로 산다.

광주로 돌아가면서 내일은 오늘의 라이딩 덕분에 조금 힘들겠지 하고 생각한다. 갑자기 오늘도, 다음날도, 그 다음날도 알프스를 넘어서 23일간을 쉬지 않고 달리는, '투르 드 프랑스'에 참가한 선수들 모습이 떠오른다. 지칠 줄 모르는 그들의 체력이 부럽다.

바래봉 삼거리에서 팔랑치

1122고지로 가는 길목에 핀 철쭉

서해 제일봉
오서산烏棲山

저녁엔 친구들과의 만남이 충남 보령시 대
천해수욕장에서 예정되어 있다. 광주에서 보령까지는 꽤 먼 길이다.
이 기회에 전부터 한번 가 보고 싶었던 오서산烏棲山(791미터)을 라이딩
해야겠다는 생각이 들었다. 서둘러 오전 10시경 광주를 출발하여 오
후 1시에 홍성군 광천읍 상담리의 오서산 자락에 도착하였다.

서해는 간만干滿의 차가 크고 갯벌이 넓은 반면 산이 적다. 대신에
동해는 바다가 깊으며 산도 많다. 그래서 해발 791미터에 지나지 않은
오서산이지만 바닷가에서 곧바로 솟아 오른 까닭에 그 고도가 실제보
다 더 높게 느껴지고, 사실 남한의 서해안에서 제일 높은 산이다. 따
라서 오서산 앞 바다 천수만에서 조업하는 어선들은 이 산을 등대처
럼 길잡이로 삼기도 한다고 한다.

산자락에서 올려다보는 오서산은 그 품이 넓고, 정상은 아득하게 보인다. 세월교라는 작은 다리를 건너 '정암사'로 가는 표지판을 바라보면서 임도로 들어선다. 임도는 군데군데 시멘트 길도 나오지만 대부분이 MTB와 잘 어울리는 흙길이다. 가끔 절로 가는 차량이 흙먼지를 일으켜 눈을 감기도 한다. 출발하여 3킬로 정도 오니 정암사 절 입구이다.

점점 경사가 심해지고 노면이 거칠어지는 가운데, 또 다시 3킬로를 더 오르니 '쉴질바위'가 있는 지점에 도착한다. 이곳에서 잠시 가파른 숨을 고르고 올라온 길을 뒤돌아본다. 신록의 푸르름 사이로 좀 전에 올라온 황토빛 임도가 선명하게 띠를 그리고 길게 따라오는 형상이 보이고, 멀리 광천읍과 옹기종기 위치한 농촌마을이 더없이 정겹게 보인다. 이곳에서부터 주능선에 이르는 구간은 가파른 오르막이지만, 눈 아래 펼쳐지는 시원한 조망 때문인지 힘든 줄 모르고 올라간다.

이윽고 주능선에 올라서니 왼편으로 산 정상이 보이고, 오른편에는 오서정烏棲亭이 서 있다. 정상으로 가는 등산로는 거리는 얼마 되지 않으나, 잔차를 탈 수 없기에 오서정 방향으로 소로를 따라 잔차를 타고 접근한다. 갑자기 검은 새 한 마리가 포물선을 길게 그리며 정자 쪽으로 날아간다. 까마귀이다. 오서산은 이름 그대로 까마귀가 많이 서식하는 산이라서 붙여진 이름이다.

원래는 정상에서 멀리 서쪽으로 천수만의 서해가 장쾌하게 펼쳐진 정경을 조망해야 맞는데, 오늘은 운무雲霧가 시야를 가려 보이지 않는다. 대신에 발아래 크고 작은 산들이 줄지어 달리고 있는 모습이 장관

오서산

을 이루고, 산자락 끝마다 자리한 농촌마을이 평화롭다.

정자에는 도시의 한 회사에서 단체로 연수를 온 사람들이 모여 있었는데, 단체사진을 부탁해 온다. 사진을 찍어주고 내 사진도 부탁한다. 모두가 내 주변으로 몰려와 관심을 보인다. 나에 대한 관심이 아니고 '부운'에 대해서이다. 국산 자전거냐, 외국 브랜드냐, 얼마 정도면 살 수 있느냐는 물음과 멋지다는 감탄 등 어쨌든 무관심보다는 고맙고 기분 나쁘지 않은 관심이다. 왁자지껄하던 그들이 떠난 후의 오서정은 적막이 흐르고, 바람에 흔들리는 초록빛 억새를 바라보면서 잠시 상념에 빠져든다.

이제는 하산이다. 쉰질바위까지는 왔던 길을 그대로 내려가고, 그곳

오서산 정상의 오서정烏棲亭

에서부터는 '용문사' 방향으로 지름길을 택한다. 내리막길은 브레이크를 잡은 손가락이 아플 정도로 경사가 가파르다. 산을 내려와서는 마을과 마을을 잇는 길을 따라 광성리, 오성리를 지나 담산리 주차장으로 원점 회귀하였다. 오후 6시이다.

보령의 대천 해수욕장에서 친구들과 만나기로 한 시간이 6시 30분이어서 곧바로 이동한다. 친구들 대부분이 서울과 광주에 살고 있어서 그 중간지점인 이곳에서 만나게 되었다. 1년에 한 번은 정기모임을 하여 만나고 그 외에는 애경사가 있을 때에야 얼굴을 보지만, 만나면 언제나 반갑기 그지없는 친구들이다. 밤새워 이야기꽃을 피우면서 회포를 풀었다. 다음날은 머드체험관에서 해수탕을 즐기고 오후에는 각자의 생활로 돌아갔다.

오서정

오서산 임도

호남평야,
가창오리의 장엄한 군무群舞

달리는 차 창문을 이따금 열어 실내의 공기를 바꾸기도 하고 불어오는 바람을 뺨으로 맞으면서도 차갑다기보다는 따스함을 느낀 걸 보면, 이제 겨울은 저만큼 멀어져 갔고 온 대지를 새봄의 기운이 덮고 있음이 틀림없다.

정읍의 녹두대교에 도착, 주차를 하고 자전거에 오른다. 오늘 일정은 노령산맥의 서북부 줄기인 내장산에서 발원하여 국내 제1의 평야인 호남평야(김제평야)를 동서로 가르면서 흐르는 동진강東津江을 따라 김제의 강변공원까지 갔다가 돌아오는 것이다.

안장에 오르니 몸도 마음도 가볍고 경쾌하다. 그도 그럴 것이 오늘은 겨우내 입었던 두터운 겨울 라이딩복을 벗고, 처음으로 봄맞이 라이딩을 위한 얇고 화사한 차림이었던 것이다. 상의는 반팔 티셔츠 위에 봄가을용 바람막이를 걸쳤고, 하의는 사계절용 통바지이다. 출발하여 몸이 달궈지기까지는 불어오는 맞바람이 조금 차가워 버프(복면)를 쓰고 코와 귀를 덮어야 하였다. 봄에는 바람이 많다.

출발지 주변은 산업단지 지역이어서 공장들이 즐비하여 어수선하지만 곧바로 시야가 탁 트이는 배들벌판(부근의 들판을 지역민들은 이렇게 부른다)이 펼쳐진다. 겨우내 검게 얼어 있던 배들벌판은 불어오는 남풍에 대지가 봉긋이 부풀어 올라 있다. 들판의 절반은 신록의 연둣빛이고, 나머지 절반은 아직 겨울의 갈색이다. 정읍천 대교를 지나 출발지로부터 10여 킬로 지점에 이르니 만석보유지萬石洑遺址가 나오고, 쉼터가 마련되어 있다.

양성우 시인이 지은 〈만석보기념비문〉을 읽고 있노라면, 만석보에서 시발始發되어 팔도 각지로 번져나가 기울어 가는 조선왕조를 뒤흔들고, 결국은 500년 역사 말미에 큰 획을 그은 동학농민운동의 불길이 어떠한 연유에서, 언제, 어떻게 불타오르게 되었는지, 그리고 혁명 전야와 거사일 당일의 모습이 어떠하였는지를 직접 눈으로 보고 있는 듯한 느낌이다.

내장산 까지봉에서 발원하여 정읍을 지나온 정읍천과 옥정호에서 흘러온 태인천이 합류하여 더 큰 물줄기인 동진강이 되는 지점이 이곳 만석보이다.

지금으로부터 120년 전, 백성들은 만석보보다 조금 앞쪽에 민보民洑(지역 농민이 자발적으로 세운 보)를 만들고, 그 물을 끌어서 농사를 짓고 있었는데, 1892년 고부현 현감으로 부임한 조병갑은 백성을 동원하여 민보를 철거하고 새롭게 만석보를 쌓았다. 그는 만석보 물을 이용한 농민들로부터 가혹한 물세水稅를 징수하는 데 그치지 않고, 착취와 부패, 폭정으로 일관하였다. 농민의 고통과 아픔은 극에 달하였는데, 조병갑은 오히려 착취와 폭정에 항거하였던 농민대표 전창혁을 곤장으로 때려 죽음에 이르게 한다. 일찍이 인내천人乃天(사람이 곧 하늘, 하늘 아래 모든 사람은 평등하다는 사상) 사상의 동학東學에 가담하여 고부현 접주로 활동하고 있던 전봉준은 아버지 전창혁의 죽음 앞에, 분노한 농민들의 선두에 서서 이평면 말목장터에서 봉기를 선언하게 된다. 이것이 동학농민운동의 시발이다.

농민군은 만석보를 허물고 관아를 점령한 데 그치지 않고 전남의 함평, 장성, 전북의 고창, 부안, 전주로 진격하여, 결국 정부와 농민군 사이에 농민의 요구를 수용한 '폐정개혁12개안'을 내용으로 하는 〈전주화약全州和約〉이 체결되기에 이른다. 그러나 정부가 이를 이행하지 않자 농민군은 재봉기하여 공주를 향해 나아갔다. 하지만 우금치에서 신식무기를 앞세운 정부군과 일본군에 패하여 약 1년 반에 걸친 반봉건, 반외세를 주창한 동학농민운동은 끝나게 된다. 하지만 우리 역사상 최초, 최대의 민중운동이었던 동학은 갑오개혁과 의병 활동에 영향을 미치고, 3·1운동에 그 정신이 계승된다.

역사의 현장에 서서 휴식을 취하고, 행동식으로 가져온 떡으로 점심을 대신한 후, 지평선을 향해서 S자를 그리며 흘러가는 동진강 속으로 다시 페달을 밟고 들어간다.

남북으로 60킬로, 동서가 30킬로인 광활한 호남평야는 5월이 되면 노란 유채꽃으로 가득하고, 7, 8월이면 초록의 싱그러운 벼의 물결로, 10월이 되면 결실의 황금벌판으로 변한다.

봄을 맞은 평야는 파릇파릇한 새싹으로 푸른 기운이 가득하다. 강둑에서 내려가 확인해 보니 유채꽃 어린 싹이 5센티 정도 올라와 있다.

그런데 바로 앞 논에 수많은 검은 물체의 움직임이 일고 있다. 무엇인지 눈을 크게 뜨고 유심히 바라보니, 아! 오리 떼다.

한반도의 대표적 철새인 가창오리의 무리이다.

수많은 가창오리 떼가 대지를 검게 덮고 있다. 수백, 아니 수천, 수만 마리는 족히 될 것 같다.

놀라운 광경이다. 내 생에 처음 대하는 진풍경이다.

이런 광경을 보게 되다니 정말 행운이다!

지난겨울 철새의 군무群舞를 보기 위해 천수만과 서산간척지를 찾아 갔지만 꽁꽁 얼어 버린 간월호와 부남호에는 새가 없었다. 그리고 몇 해 전 겨울, 군산의 금강 철새도래지를 갔을 때도 가창오리의 미니mini 군무를 보는 데 그쳤다. 그런데 오늘 여기서 만나다니 반갑고 기쁘다.

가창오리는 시베리아 캄차카반도에서 여름을 지내고 가을이 되면 러시아의 혹한을 피해 따뜻한 우리나라를 월동지로 선택하여 찾아오 는 대표적인 철새이다. 일본, 중국으로도 일부는 날아가지만 개체 수가 우리나라에 온 숫자와는 비교가 안 될 정도로 적다고 한다.

우리나라와 러시아는 가창오리가 여름과 겨울을 번갈아 오가며 사 는 서식지이다. 가창오리란 이름은, 경북의 대구 근처 가창에서 처음 발견되어서 붙여진 이름이라 한다. 시베리아로부터 머나먼 비행을 하 여 우리나라에 도착한 가창오리는 먼저 10, 11월의 초겨울을 천수만 과 금강 지역 등, 서해 중부 지역에서 지내다 한겨울이 되어 이 지역의 강과 호수가 얼게 되면 남쪽의 전남 영암호와 해남 고천암호, 경남 창 원의 주남저수지로 내려간다. 그런데 지난겨울 천수만과 금강에 가창 오리가 오지 않았다는 뉴스를 들었다. 초겨울부터 밀려온 한파로 호 수가 얼자 남쪽의 영암호, 고천암호, 주남저수지로 '직행'하였다는 소식이었다.

 우리나라에서 겨울을 난 가창오리는 1월, 2월 봄이 되면 다시 러시
아로 날아가기 시작한다고 하니 지금 눈앞에 있는 이들도 며칠 후면
이 땅을 떠날 녀석들이라 생각하니 더욱 반갑고 기뻤다.

 자전거를 강변에 눕혀 두고 한참을 이들의 동태를 살피면서 모두가
함께 비상하여 보여 줄 멋진 군무를 고대하면서 조용히 앉아 기다렸
다. 그런데 10분, 20분이 지나도 날아오를 생각이 없는 듯, 모두가 고
개 숙여 낙곡落穀만 쪼아 먹는다. 기다리다 지친 나는 서서히 일어나
자전거를 타고 오리들을 향해서 다가간다. 100미터, 50미터, 10미터,
간격이 점점 좁혀져간다. 동요가 일어난다.

 푸드득, 10여 마리가 먼저 날아오른다.

 꽤액, 꽤액, 꽥! 모두가 소리치고, 날개를 퍼덕인다.

 아, 군무가 시작된다. 수천수만 마리 그 수를 헤아릴 수 없는 가창
오리들의 군무가 펼쳐진다. 북쪽을 향하는가 했더니, 남쪽으로 가고,
남쪽을 향하는가 했더니, 다시 북쪽으로 날아간다. 강 동쪽과 서쪽을
오가면서, 때로는 모이고 때로는 흩어지면서, 바람에 날리는 모래처럼
사라지기도 하고 나타나기도 하면서, 그 어디서도 본 적이 없는 아름
다운 군무를 춘다.

 자연의 위대한 장면이다!

아프리카 세렌게티 국립공원Serengeti National Park의 건기가 시작되면 강을 **42**

건너 이동하던 수만 마리의 누우 떼가 연상된다. 오리들의 군무는 1분 여간 계속된다. 일사분란하게 하늘을 날던 오리들은 강 건너 편 들판 으로 모두 내려앉으면서 군무를 마감한다.

나는 그들이 펼치는 군무의 한 중심에 서 있었다. 감동의 순간이었 다. 오늘은 이것만으로도 충분하다.

흥분된 마음을 진정하고 다시금 안장에 올라 동진강의 서쪽 둑을 따라 평야의 북쪽 지평선 가까이에 다다르니 김제시로 이어지는 29번 국도가 나온다. 도로를 건너지 않고 자전거의 핸들을 남쪽으로 돌린 다. 돌아가는 길은 강 동쪽 둑을 택한다. 오후 4시가 넘어서면서 기온 은 한낮에 비해 내려갔지만 등 뒤에서 바람이 밀어주니 힘들지 않게 달려와, 왕복 50킬로의 여정을 즐겁게 마쳤다.

호남평야는 전에도 왔다 간 적이 있다. 혼자 온 적도 있고, 아이들 을 데리고 왔다 간 적도 있다. 드넓은 평야는 일상에서 답답해진 가슴 을 열어 주고 다독거려 주는 '힐링 라이딩 코스'로서 안성맞춤이고, 아 이들에게는 농경문화에 대한 체험학습을 할 수 있는 좋은 장소이기도 하다. 연중 그 어느 때라도 좋겠지만, 잘 자란 벼가 사방천지를 푸른빛 으로 가득 메우는 7, 8월이나, 벼가 익어 황금벌판으로 출렁이는 9, 10 월에 이곳을 찾으면 농경문화에 대한 학습 효과는 더 커질 것이다.

평야의 북쪽 끝자락에는 교과서에서 배운 벽골제碧骨堤가 있다. 주변 에는 '수리박물관'과 '아리랑 문학관'도 있다. 벽골제는 백제의 비류 왕 때 만든 우리나라에서 가장 오래된 수리시설, 즉 제방堤防이다. 원래 네 개의 수문이 있었는데, 그중 '장생거'와 '경장거'라는 두 개의 수문이 발굴되어 재현되어 있다.

수리박물관에는 농경문화와 관련된 전시물이 볼거리이고, 아리랑 문학관에는 조정래 선생의 작품인 '아리랑'에 호남평야가 배경이 된 이야기가 많은 관계로, 김제시가 선생의 저술 작업과 관련된 여러 물건을 기증받아 전시하고 있다.

그리고 벽골제에서는 매년 10월 추수철이 되면, '지평선 축제'가 개최되어 옛날 농촌생활과 놀이문화에 대한 향수를 느끼게 하는 다양한 볼거리가 제공되고 있다.

김제평야를 흐르는 동진강

군무를 시작하기 직전의 가창오리

시베리아 캄차카로 떠나기 전의 마지막 군무
(아쉽게도 카메라에 담은 멋진 사진들을 정리 도중에 잃고 말았다)

나주호 뒷산
오솔길

◇◇◇◇◇◇◇◇◇◇◇◇◇◇◇◇◇◇◇◇◇

4월 둘째 주가 되었는데도 꽃샘추위는 며칠간 계속되고 있다. 그 래서 지난 주말 영암의 왕인박사 벚꽃축제는 꽃 없는 축제가 되었 다고 한다.

그러나 오늘 찾아온 나주호 뒷산 임도에는 벌써 봄이 와 있었다.

나주군 다도면 소재지에서 녹야원 방향으로 가다가 왼쪽 숲길로 들 어서, 임도를 따라 4킬로 정도 산을 오르고 내리면, 소재지에서 나주 호 산림욕장으로 가는 도로로 내려선다. 나는 이 길을 종종 찾아와 라이딩을 즐기곤 한다.

따스한 햇살이 비치는 산비탈 오솔길에서 일광욕을 즐기던 아기 노 루 한 마리가 인기척에 놀라 뛰어간다. 긴 뒷다리를 높이 들고 뛰는 모습이 참 앙증맞다. 갑자기 마주친 바람에 서로가 놀랐지만, 나보다 는 노루가 더 놀란 것 같아 미안한 생각이 들었다. 산길 모퉁이를 돌 《 46

아서니 이번에는 이제 막 개화한 연분홍 진달래꽃이 무리를 지어 반긴다.

산길 작은 나무들은 따뜻한 봄 햇살에 연둣빛 새순이 벌써 돋았고, 곱게 핀 진달래는 옛 친구인 양 반갑다. 이마에 땀방울이 맺힐 즈음 임도길 정상에 도착한다. 정상 오른쪽으로 난 등산로로 잔차를 메고 들어선다. 이 길은 전부터 언젠가는 한번 가 봐야겠다고 생각은 하고 있었는데, 오늘에야 실천한 것이다. 가파른 길을 올라서니 두 갈래 길이 나온다. 좌측 길을 택해 잔차에 올라 노란 솔잎이 푹신하게 깔린 오솔길을 따라간다.

'멋진 길이 숨어 있었구나.' 하면서 앞으로 나아간다. 빽빽한 나뭇가지가 햇볕을 가려 어둡게 응달진 오솔길을 따라간다. 이따금 하늘이 보이는 양지 쪽에 멈춰 서서, 눈앞에 보이는 나주호를 바라본다. 참으로 고즈넉하고 조용한 분위기이다.

한 시간 정도 완만한 오르막길을 가다가 갑자기 급경사 언덕을 만난다. 잔차를 머리에 이고 올라서니, 이번에는 급경사 내리막이다. 어깨에 잔차를 메고 조심조심 발걸음을 옮긴다. 어깨가 아프고 팔 다리에 힘도 다 빠져나갈 때쯤, 눈앞에 검푸른 나주호가 비치고, 발아래 삼림욕상이 보인다.

나주호는 1976년 농업용수를 확보하기 위해 댐을 지으면서 만들어진 인공호수이다. 주변에는 신비로운 천불천탑千佛千塔으로 유명한 운주사雲住寺와, 백제시대 인도 승 마라난타가 세운 불회사佛會寺가 있다. 화순의 도곡온천도 이곳에서 멀지 않다.

나주호 주변의 라이딩 코스는 흔히 세 방향이다. 짧은 코스는 나주

나주호 뒷산 길   등산로

호 산림욕장을 출발하여 호반을 따라 시계방향으로 다도초등학교, 궁원리, 판촌리를 지나 중흥리조트로 가는 코스이다. 긴 코스는 나주호를 좌측에 멀리 두고 도는 코스로, 불회사와 운주사를 지나는 국도 길 코스이다. 또 다른 코스 하나는, 면 소재지에서 우측 방향으로 녹야원을 지나 호수에 인접한 마을길과 농로를 따라가다 보면 판촌리 마을이 나온다. 이곳에서 작은 산을 넘으면 골프장이고, 이곳을 통과하여 산림욕장으로 돌아오게 되는 코스이다.

셋 중에 어느 코스를 택하더라도 전형적인 농촌마을의 풍경과 호젓한 호반 분위기를 맛볼 수 있다. 그리고 산림욕장 안에는 호수를 따라 도는 약 2킬로 정도의 싱글길(MTB 용어로 자전거 한 대만이 갈 수 있는 폭 좁은 산길)도 있다. 나는 이 길을 무척 좋아한다.

MTB에 적격인 오솔길

숲에서 바라본 나주호

삼림욕장에는 평일이어서 그런지 찾아온 사람이 아무도 없다. 새소리와 바람소리를 벗삼아 한가로이 산림욕장을 한 바퀴 돌아본다.

황매산 철쭉,
바라만 보고 오다

약 두 시간을 차로 달려 경남 산청의 황매산 영화주제공원 제3주차장에 도착하였다.

도중에 산청읍에서 동태탕으로 점심을 든든히 먹었다.

철쭉이 아름답기로 유명한 산답게 연분홍 꽃이 온 산에 가득하다. 능선을 감고 정상까지 이어지는 임도는 그야말로 꽃길이다. 이 광경을 주차장에서 바라보면서 오늘 라이딩에 대한 기대로 마음이 부푼다.

꽃구경 온 등산객이 줄지어 산을 오르고 있다. 그 어느 때보다 라이딩 복장을 단정히 하고, 오늘을 위해 어젯밤 늦게까지 세차하여 반짝반짝 윤이 나는 잔차에 오른다. 한껏 멋을 낸 후 드디어 출발한다.

임도 초입은 약간의 비탈길이다. 그렇지만, '이 정도라면 중턱까지는 잔차에서 내리지 않고도 갈 수 있다'고 생각한 순간, 체인이 체인링에 감겨 비틀거린다. 가까스로 낙차를 모면하고 지면에 간신히 발을 딛는다.

"저 정도도 못 올라가고 내리려면 잔차는 왜 타고 왔을까?"라고, 뒤따르는 사람들이 한마디 하는 것 같아 뒷머리가 따갑다.

'아이고 이 정도는 문제없어요.' 하고, 마음속으로 외치면서, 힘차게 페달을 밟고 재차 안장에 오르려고 시도하였지만 체인이 감겨 버려 재차 내려서야 했다. 변속 자체가 불가능한 상태이다.

어제 밤 체인을 내가 직접 교체하였다. 오늘 라이딩을 위해 최근 들어 느슨해진 체인을 떼어 내고, 전에 한번 사용한 적이 있는 체인으로 바꾸어 끼웠던 것이다(MTB 자전거 체인은 보통 2,500킬로 정도 라이딩하고 교체한다. 2,500킬로를 타는 동안 체인도 느슨해지지만 체인링의 톱니도 어느 정도 닳기 때문에, 다음 교체 시에는 전에 사용했던 체인을 보관했다가 재사용한다). 아무래도 체인의 길이가 너무 긴 것이 원인인 듯싶었다.

체인을 한 매듭 잘라내야겠다고 생각하고 주차장으로 돌아왔다. 그러나 체인커터가 달린 공구 세트가 없다. 작은 안장 가방에 넣고 다니는 공구는 체인커터가 달려 있지 않은 공구 세트이다. 하는 수 없이 잔차를 그늘진 곳으로 옮기고, 돌과 칼, 드라이버 등을 동원하여 어렵사리 한 매듭을 잘라냈다.

그동안 라이딩 중에 딱 한 번 체인이 끊긴 적이 있었는데, 그때는 체인커터가 달린 공구세트를 휴대하고 있었기 때문에 쉽게 해결할 수 있었다. 그러나 그 이후로는 체인이 끊긴 적이 없다. 그래서 요즘은 상대적으로 무거운 체인커터 장착 공구를 집에 두고 휴대하지 않고 다닌다.

공구 없이 임기응변으로 작업을 하는 것이 이렇게 힘들 줄은 몰랐다. 40여 분에 걸쳐 간신히 체인 한 매듭을 잘라내고 연결을 하려 하는데, 이번에는 양쪽 체인 연결 고리 중 한쪽 부분이 안 보인다. 양쪽 중 한쪽은 찾았는데 한쪽이 보이지 않는다. 돌과 자갈이 깔린 곳에서 작업을 하였고, 지나가는 사람도 많았다. 아무리 찾아보아도 체인 연결 고리가 보이지 않았다.

십여 분 이상 작업한 주변을 샅샅이 찾았지만 보이지 않는다. 결국은 찾는 것을 포기하고 임시방편으로 겨우겨우 체인을 연결하여 출발해 본다. 그러나 마찬가지로 변속이 되지 않는다. 이번에는 체인의 길이가 너무 짧아진 것 같다. 그사이 두 시간이 넘도록 실랑이를 벌인 까닭에 지칠 만큼 지쳐 더 이상 작업을 할 엄두가 나지 않는다.

안타깝지만 오늘은 여기서 라이딩을 접을 수밖에 없는 듯하다. 이곳까지 먼 길을 왔는데 걸어서라도 정상까지 갔다 와야겠다는 생각이 일시적으로 들기는 하였지만, 곧바로 포기하였다. 그만큼 공구 없이 한 작업으로 지치고 말았으며 광주까지 돌아갈 시간도 빠듯하다. 안타깝지만 황매산 라이딩은 훗날을 기약하고 돌아설 수밖에 없었다.

철쭉으로 아름답게 꽃핀 황매산을 몇 번이고 뒤돌아보면서, '유비무환有備無患'이란 단어를 떠올린다. 광주에 도착하면 곧바로 자전거 숍으로 가서 정비공의 도움을 받아야겠다고 생각하였다.

바라만 보고 온 황매산 철쭉

아내와 함께 간
마이산과 성수산

봄꽃맞이 라이딩을 아내와 함께 가기로 하였으나 좀처럼 서로 시간을 맞추지 못한 채 5월 중순이 되고 말았다. 봄의 전령인 산수유 꽃과 매화꽃은 벌써 졌고, 만개한 벚꽃도 지난주부터 바람에 휘날려 가지에 남아 있는 꽃잎은 얼마 남지 않았다.

아내와 함께 갈 곳은 전북 진안군의 마이산馬耳山이다. 마이산은 오랜 세월의 침식과 풍화작용으로 생겨난 두개의 암봉岩峰으로 되어 있는데, 그 모습이 멀리서 보면 말의 두 귀와 같다고 한다. 하나는 수마이산, 다른 하나는 암마이산이라 부른다. 또 마이산은 계절에 따라 각기 다른 이름으로 일컬어지기도 하는데, 벚꽃이 만발한 봄에는 바다에 떠 가는 쌍돛대 같다 하여 돛대봉, 짙은 녹음이 드리운 여름에는 용의 뿔같이 보인다 하여 용각봉, 단풍이 물든 가을에는 마이산, 그리고 눈 내리는 겨울에는 두개의 검은 암봉이 마치 먹을 묻힌 붓끝처럼 보인다 하여 문필봉이라고도 부른다. 어찌되었든 범상치 않은 모

습을 하고 있는 산이다. 오래 전부터 한번 와 보고 싶었던 산인데 이
제야 왔다.

마이산은 전국에서도 벚꽃이 늦게 개화하는 곳으로 유명하다. 서울
여의도의 벚꽃보다 늦게 핀다고 한다. 그래서 남부 지방의 벚꽃이 모
두 낙화한 5월인데도 이곳을 찾게 되었다.

와서 보니 상춘객이 꽤 많다. 오전에 광주를 출발하여 정오 무렵 마
이산 '금탑사' 앞 남부주차장에 도착하였다. 기대하였던 벚꽃은 어제
그제 이틀간 내린 비 때문에 절반 이상이 떨어져 버렸다고 주차장 관
리인이 말한다. 그래도 나무 가지에는 눈처럼 하얀 꽃들이 아직 절반
정도 남아 있고, 발끝에는 떨어진 꽃잎들이 바람에 흩날린다.

수마이산과 암마이산 사이의 석탑사 　　　천연기념물 386호, 은수사의 '청실 배나무' 꽃

잔차에 올라 사람들 사이를 이리저리 천천히 빠져나가 석탑사로 향한다. 약 2킬로 정도를 올라가니 작은 돌을 모아 정성스럽게 쌓아 올린 석탑들이 즐비하다. 돌계단을 밟고 올라서니 '은수사'라는 절이 나오고 절 마당에는 새하얀 꽃으로 온통 뒤덮인 커다란 노거수가 멋진 자태를 뽐내고 있다. 무슨 꽃일까? 천연기념물 386호로 지정된 '청실 배나무'꽃이란다.

수령이 650년이나 된 청실 배나무이다. 그야말로 희귀한 재래종 배나무로 푸른 열매가 맺힌다 하여 청실 배나무로 부른다. 눈이 부시도록 하얀 배꽃이 만발하였다. 참으로 화사한 모습이다. 연중 오직 이때만 볼 수 있는 광경인데, 이를 보게 된 행운에 감사한다. 기념사진을 찍고, 주변의 신록과 어우러진 경치를 한동안 감상한 후, 왔던 길을 되돌아 내려간다. 도중에 저수지 뒤편에 자리한 정자에서 준비해 온 떡으로 점심을 대신한다.

주차장으로 돌아오니 오후 3시이다. 먼 길을 왔는데 곧바로 광주로 돌아가기에는 조금 아쉽다. 이곳에서 멀지않은 곳에 성수산이 있다. 성수산 역시 예전부터 한번 오려고 마음먹었던 곳이다. 성수산으로 향한다.

주차장에 세워진 안내판을 보고 임도를 머리에 그려 넣은 후, 오르막 임도를 타고 올라간다. 가파른 경사에 뒤따르는 아내의 숨소리가 거칠어진다. 안장에서 내리지 않고 온 힘을 다해 페달을 돌리며 따라오는 아내가 안쓰럽기도 하고 고맙기도 하다. 그동안 잔차를 타는 솜씨 또한 많이 좋아졌다.

　아내에게 MTB를, 아이들에게는 각자에게 맞는 주니어용 자전거를 선물하여 가족 모두가 주말이면 함께 라이딩을 시작한 지도 어언 5년이 되었다.

　자전거를 즐기는 라이더들의 공통된 바람 중 하나는 가족과 함께하는 라이딩일 것이다. 고요한 산길, 물새 나는 강길, 솔향기 가득한 숲길, 바다 내음 물씬한 섬마을 길을 홀로 라이딩 할 때면, 가족이 생각난다. 이 멋진 자연의 아름다움을 혼자가 아니라 가족과 함께 느끼고 바라볼 수 있으면 더 좋을 텐데 하고 말이다.

　우리 가족은 다행스럽게도, 그동안 거의 중독에 가까울 정도로 자전거를 타온 나 덕분에 주말 나들이 길에도, 여름휴가 길에도, 그리고 1박 2일 여행길에도 자전거와 동행하였다.

　그러나 내 라이딩 패턴은 라이딩 햇수가 늘어나면서, 자꾸만 더 멀리, 더 높이, 더 깊은 낯선 곳을 찾아가는 형태로 변하게 되었고 자연히 아내와의 동행은 쉽지 않았다.

　그래서 모처럼 오늘 아내와 함께하는 라이딩이 신나고 즐겁다. 산새 울음소리 들으면서 숲 속을 달리는 MTB의 즐거움을 아내에게 선사하고 싶다. 그 즐거움을 맛보려면 땀을 흘려야만 하지만.

　쉬지 않고 묵묵히 페달을 밟던 아내가 갑자기 잔차를 멈춘다. 길가 수풀을 헤치고 들어가더니 무언가를 부지런히 꺾는다. 잠시 후 두 손을 흔들며 환한 웃음을 짓는다. 찬찬히 보니 아내의 두 손에는 고사리와 두릅이 한 움큼 쥐어져 있다. 상큼한 봄 향기가 번져 온다. 벌써 오늘 저녁 밥상이 기대가 된다.

마이산 앞 저수지 　　　　　　　성수산 정상의 전망대

　생각보다 정상은 멀었다. 이제나 저제나 하면서 산모퉁이를 여러 차례 돌고 돌아 있는 힘을 다해 페달을 힘껏 돌렸다. 마침내 정상에 이르렀다.

　저 멀리 연둣빛 신록으로 겹겹이 둘러싸인 산야를 바라보면서 긴 숨을 연거푸 내쉰다. 시원한 산바람에 가슴이 활짝 열린다. 휴식과 함께 가져온 행동식으로 요기를 달랜다. 아내와 번갈아 가며 기념사진도 촬영한다.

　이제는 내려가야 한다. 따사로운 봄바람이 얼굴을 스친다. 멀리 산허리를 돌아 내려가는 임도다. 경사는 그다지 심하지 않지만 일단 아내에게 조심하라는 주의를 주고, 기분 좋게 산 아래 경치를 바라보면서 느린 속도로 천천히 내려간다. 언제나 느끼는 일이지만 힘들여 페달링을 하지 않고 안장에 가만히 앉아 있기만 해도 저절로 내려가는 다운힐은 정말 편하고 신난다. 오늘 같은 흙길 임도는 그야말로 금상첨화錦上添花다. 단지 어렵게 올라온 데 비해 너무 빨리 내려오고 마는 아쉬움은 있지만. 산을 다 내려온 임도는 산골마을과 저수지를 돌아서 성수산 휴양림 주차장으로 연결되었다.

　광주로 돌아오는 차 속에서 아내의 자전거 실력을 한껏 높이 칭찬해 주었다.

봄을 알리는
섬진강

◇◇◇◇◇◇◇◇◇◇◇◇◇◇◇◇◇◇◇

봄의 전령 꽃소식이 연일 사방에서 들려온다.

제주도는 벌써 매화와 벚꽃이 피었다 졌고, 섬진강 남쪽 구례산동 마을은 산수유 노란 꽃으로 가득하다. 섬진강은 봄이 오는 소식을 전하는 강이다. 그곳에 가면 산수유, 매화, 벚꽃, 진달래, 철쭉 등 봄꽃이 어디쯤 오고 있는지를 알 수 있다.

섬진강 하류 광양 다압면 매화마을은 하얀 매화꽃이 벌써 절정을 지나 꽃비가 되어 날리고 있었다. 지난겨울 맹추위를 견뎌낸 매화 향은 가히 코를 찌를 듯하였으나, 색이 바래가고 바람에 날리는 모습이 못내 아쉬움을 자아내게 한다. 한편, 강 건너 하동의 19번 국도는 한 마리 백사白蛇가 지나가는 것처럼 활짝 핀 벚꽃 물결이 이어지고 있었다.

매화와 벚꽃은 봄꽃의 대표주자로 비슷한 시기에 꽃을 피운다. 하지만 서로 다른 점도 있다. 매화는 3월 이른 봄에 피고, 벚꽃은 그보다 조금 늦게 핀다. 겨울을 견디어 낸 매화는 짙은 향기를 가지지만 벚꽃은 향기가 없다. 매화꽃은 줄기에 바로 붙어 피지만 벚꽃은 줄기에서 나온 꽃자루 끝에서 피어난다.

매화마을에 피어 있는 매화꽃은 가까이 다가가서 찬찬히 바라보면 두 종류이다. 하나는 눈처럼 하얀 꽃이고, 또 하나는 은은한 우윳빛 색깔의 꽃이다. 이 둘의 향기가 매년 이맘때면 전국의 상춘객들을 이곳으로 불러들인다. 나는 개인적으로 매화 향을 그 어느 향기보다 좋아한다. 남 몰래 꽃잎을 따서 콧속에 넣고 다니면서 숨을 쉬어 보면 그 향이 그리 좋을 수 없다.

오늘 매화마을은 축제의 끝자락에 구경 온 사람들로 만원이다. 여느 때 같으면 화개 장터의 남도다리에서부터 자전거를 타고 왔을 터인데, 오늘은 꼬리를 물고 이어지는 차량 행렬에 엄두가 나지 않아 자동차에 자전거를 실은 채 그대로 지나친다.

요즘의 '축제의 장'은 의례 사람과 차량으로 붐벼 축제의 메인 주제를 즐기기보다는 결국에 사람 구경이 되고 만다. 그래서 축제를 전후로 하여 찾아가는 것이 요령이지만, 오늘은 왠지 매화도 벚꽃도 사람도 모두가 보고 싶었다. 봄바람 때문이리라.

바람 속의 매화 향을 가득히 들이마시고 축제장을 그냥 빠져나온다. 섬진교를 건너 하동 읍내를 지나 벚꽃터널을 따라 구례 방향으로 되돌아 올라온다. 강 건너 매화 밭을 바라보면서 금방 악양岳陽의 평사리平沙里에 도착하였다. 뒤로는 지리산의 준봉인 형제봉과 회남재가 병

섬진강 서쪽(광양)은 매화가, 강 동쪽(하동)은 벚꽃이 만발하였다. 평사리 마을과 회남재도 보인다.

풍처럼 두르고 있고, 앞은 섬진강 맑은 물이 은하수처럼 흘러가는 곳, 그 한가운데 위치한 비옥하고 넓은 들판이 평사리이다.

작가 박경리 선생은 "우연히 악양을 지나가다가 경치가 너무 좋아 소설 '토지土地'의 무대로 삼게 되었다."라고 생전에 말하였고, '토지'의 서두에 "고개 무거운 벼 이삭이 황금빛 물결을 이루는 들판"이라고 이곳을 묘사하였다. 그래서 결국에는 이곳에 드라마 '토지'의 무대가 된 '최참판 댁'이 마치 실제로 존재하였던 것인 양 리얼real하게 설치되었다. 세트장은 평사리 들판이 눈 아래 내려다보이는 전망 좋은 장소에 있으며, 원래부터 이곳에 있었던 자연부락인 상평마을과 합쳐져 지

한산사 정자에서 바라본 섬진강과 평사리

금은 관광지로 활용되고 있다.

평사리는 행정구역상 경남 하동군 악양면에 속한다. '악양'이라는 지명은 이곳의 지형이 중국의 후난 성湖南省 웨양岳陽과 닮은 데서 유래하였다고 한다. 그러니까 삼국시대 신라와 나당羅唐 연합군을 이루어 이곳에 오게 된 당唐나라 장수 소정방蘇定方의 군대가 이곳에 주둔하면서 병사들이 중국의 고향을 그리워하며 붙인 이름이라고 한다. 주변에는 악양 외에도 고소성姑蘇城, 한산사寒山寺, 동정호洞庭湖 등 중국의 명승지 이름이 붙여진 지명이 더 있다.

오늘은 고소성과 한산사를 둘러보기로 한다. 최참판댁 세트장은 전에 가 본 적이 있어서 곧바로 한산사로 올라가니 절 근처 전망 좋은 곳에 정자가 서 있다. 그곳에 올라서니 바둑판처럼 반듯한 평사리 들판이 훤히 보이고, 벚꽃터널과 하얀 매화 밭을 가르면서 햇빛을 받아 물고기 비늘처럼 반짝거리는 섬진강 물줄기가 한눈에 보인다. 드물게 보는 멋진 전망대이다. 한참을 이곳에서 휴식을 취한다. 여기서 산길을 따라 1킬로만 더 가면 고소성인데 자전거를 타고 오를 수는 없다. 고도가 더 높아져 당연히 시야도 더 넓고 깊겠지만 오늘은 이곳에서 바라본 전망에 만족하고 고소성을 오르는 것은 훗날로 미뤄두고 길을 떠난다.

화개장터 쌍계사 벚꽃이 절정을 맞고 있으리라 생각하지만 그만큼 사람들로 난장을 이루고 있을 터인즉, 어디서 자전거를 탈까 하고 고민하던 중, 화개장터를 얼마 남겨두고 형제봉 가는 표지판이 눈에 스쳤다. '그렇다, 오늘은 여기다!' 하는 생각으로 부춘 마을, 신기 마을로 핸들을 꺾는다.

마을 어귀에 주차를 하고, 드디어 차에서 자전거를 내린다. 앞바퀴를 맞추고 신발도 바꾸어 신는다. 안장에 올라 경쾌하게 페달을 한 바퀴 돌려본다. 마치 애마에 오른 중세 유럽의 흑기사인 양 폼을 잡아본다. 몸도 발도 가볍다.

마을을 지나 2킬로 지점까지는 참으로 가파른 업힐(자전거로 오르막길을 타는 것)이다. 부춘 마을에서 형제봉 활공장까지는 8킬로 정도인데 초반 3분의 1지점까지는 그야말로 가파른 오르막이다. 지난 8년간 나의 MTB 경력에서 구례의 사성암 가는 길, 지리산 천은사에서 노고단 가는 길, 남원의 육모정에서 정령치 오르는 길, 영광의 밀재에

형제봉으로 가는 업힐

형제봉, 부춘리, 가탄리(화개천)로 가는
삼거리

서 연실봉(불갑사 뒷산) 오르는 길, 그리고 이곳 형제봉 가는 길이 가장 가파르고 힘들었던 길이다.

오늘도 역시 숨이 차오른다. 턱밑까지 숨이 찬다. 장딴지에 힘줄이 솟는다. 허리가 굽어지고, 앞바퀴가 세워져 들린다. 양손에 힘을 주어 앞바퀴를 내리누른다. 손에 땀이 배고, 이마에서 구슬땀이 흐른다. 갈증이 나고 엉덩이에 통증이 느껴진다. 안장에서 내리고 싶다. 그러나 이를 악물고 페달을 돌린다. 결국에는 페달에서 발을 떼고 하는 수없이 내려선다. 이러한 과정을 몇 번을 되풀이한 후에야 삼거리에 이른다. 부춘 마을에서 올라와 우측으로 3.5킬로를 더 가면 활공장이고, 좌측으로 가면 가탄 마을과 화개천 방향이다.

지난해 왔을 때만 해도 이 길에는 활공장 가는 표지판밖에 없었다. 그런데 오늘은 임도길 여기저기에 표지판이 설치되어 있다. 다름 아닌 '지리산 둘레길' 표지판이다.

수년 전에 전북 남원군 주천면에서 시작하여 경남 산청군의 수철마을까지의 둘레길 1, 2, 3, 4, 5코스는 이미 만들어졌다. 그리고 산청에서 하동과 구례를 지나, 남원에 이르는 둘레길이 최근에 개통되어 지리산을 한가운데 두고 언저리로 한 바퀴 빙 도는 이름하여 '지리산일주둘레길'이 완성되었는데, 형제봉 가는 이 길이 그 일부가 된 것이다. 반갑기도 하고 아쉽기도 하다. 인적 없던 길에 사람이 많아지니 반갑지만, 한편으로는 사람이 많이 오니 걱정스럽기도 하고 왠지 불안하기도 하다.

　잠시, '장차 이 길이 어떤 모습으로 변해 갈까?' 하는 생각을 하는 사이 새로 생긴 쉼터에 도착한다. 1킬로 전방에 가탄 마을이 있다. 여기서부터 둘레길은 임도를 벗어나 좌측 숲길로 접어들고 임도를 그대로 계속가면 쌍계사의 화개천으로 내려간다.

　오늘은 여기서 돌아선다. 이제는 내리막 긴 다운힐이다. 팔과 다리가 아파올 정도로 가파르고 긴 내리막에선 첫째도, 둘째도 조심이고, 또 조심이다.

　축제장을 벗어나 예기치 않았던 형제봉 가는 길로 와서 두 시간을 산새소리와 물소리를 벗 삼아 라이딩을 즐겼다. 온몸에 엔도르핀이 돈다. 역시 MTB는 산이 제맛이다.

선암사의
홍매와 백매

◇◇◇◇◇◇◇◇◇◇◇◇◇◇◇◇◇◇◇◇

오늘은 아침부터 부산하다. 선암사의 매화
꽃을 보러 가야 하기 때문이다.

이때를 놓치면 또 일 년을 기다려야 한다. 작년에도 3월 마지막 주에
아내와 함께 갔지만 개화 전이어서 매화꽃을 보지 못했다.

구례 화엄사의 흑매黑梅(본디 홍매인데 그 색이 너무 붉어 검은 빛이
난다해서 붙인 이름)가 피었다는 이야기를 며칠 전 신문 기사에서 보
았기에, 구례 화엄사보다 남쪽인 순천의 선암사는 지금쯤 하얗고 붉
은 매화로 가득하리라는 상상을 하면서 90킬로의 길을 단숨에 달려
갔다.

선암사仙巖寺는 순천 조계산의 동쪽 기슭에 자리한 태고종의 본산이
고 산의 서쪽에는 승보사찰로 유명한 송광사松廣寺가 있다. 선암사의
창건에는 세 가지 설이 있다고 한다. 첫째는 백제의 아도화상이 세웠

다는 설이고, 둘째는 신라의 도선국사가 세웠다는 설이며, 셋째는 현재의 유물들로 유추해 보면 통일신라시대에 창건되었다는 설이다. 세 번째 설이 유력하게 거론되고 있다.

오전 11시인데 산사의 주차장에는 차들이 가득하였다. 주차장에 걸린 플래카드에는 4월 6일부터 8일까지 홍매화 축제를 한다고 안내문이 걸려 있었다. 벌써 지고 말았을까?

여기서부터는 서두를 필요가 없다는 생각에 걸음을 천천히 옮긴다. 보기만 해도 역사와 연륜을 알 수 있는 고목이 줄지어 서 있는, 일주문을 지나 절로 가는 약 2킬로 정도의 흙길을 새소리 물소리를 따라 거슬러 올라간다. 연둣빛 새눈과 새잎이 이제 막 제 모양을 갖추어 가면서 햇살에 싱그럽게 반짝인다.

주차장을 출발하면서 잠시 고민하였다. 자전거를 승용차에서 내려 타고 갈 것인가, 아니면 걸어갈 것인가를 두고 망설였다. 결국은 고찰 안에서 천천히 보아야 할 것이 많을 것 같아 걷기로 하였다.

이윽고 산사 앞에 도착하였다. 단체로 온 사람들이 오른쪽으로 가기에 나는 살짝 비켜서 왼쪽으로 돌아 들어간다. 송광사로 가는 6킬로의 '불심길'이 보인다. 언젠가는 꼭 한번 가 보아야겠다고 생각하면서도 아직 가지 못한 길이다. 조금 더 걸어 올라가니 분위기가 색다른 건물이 앞에 보인다.

'뒤깐(뒷간의 방언)'이라 써졌다. 아, 이곳이구나!

오늘 선암사를 오면서 꼭 보아야겠다고 마음먹고 온 것이 둘 있다.

선암사의 '뒤깐'

문화재로 지정된 유일무이한 뒤깐

하나는 매화이고, 또 하나는 뒤깐이었다. 뒤깐은 변소, 즉 화장실을
의미한다. 절에서는 '해우소解憂所' 즉 근심을 해소시키는 장소라는 의
미심장함이 있는 이름을 주로 쓴다. 그런데 선암사의 뒤깐은 근심을
털어내는 그 이상의 무언가가 있는 곳이라고 어느 책에서 읽은 적이
있다.

　400년이나 된 목조 건물로 화장실이 문화재로 지정된 곳은 이곳이
유일무이唯一無二 할 것이다. 내부로 들어가 보니 좌측은 남자, 우측은
여자용이다. 판자로 바닥이 되어 있고 여러 사람이 함께 이용할 수 있
도록 칸막이로 나누어져 있는데 그 높이가 충분하지 않다. 다시 말하
면 완전폐쇄형完全閉鎖型이 아니고 반개방형半開放型으로 앉으면 저쪽이
안 보이고, 서면 보이는 형태이다. 바로 옆에는 현대식 화장실도 있지
만, 이곳도 현재 사용 중이다. 앉아서도 바깥의 경치가 보이고 바람이
시원하게 아랫도리를 지나가게끔 되어 있어 침침한 데는 조금도 없는
밝고 환한 공간이다. '백문이 불여일견百聞不如一見'이라 하였다. 그동안
가졌던 궁금증과 호기심이 해소되어 뒤깐을 보고 난 것처럼 시원하다.

　위쪽으로 살짝 올라가니 건너편 산이 훤히 보이는 전망 좋은 곳이
나온다. 그리고 그 옆에는 500년 노송이 누워 있었다. '와송臥松'이다.
선암사에는 역사와 전통이 존재한다. 입구에서부터 절 안 이곳저곳에
이르기까지 웬만하면 수백 년이 된 것들로 채워져 있다. 그래서 대웅
전 앞 불사에는 '육조고사六朝古寺(중국의 한漢나라 이후 수隋나라가 세
워지기까지의 오, 동진, 송, 제, 양, 진의 6나라 시대를 말함)'라는 현판
이 걸려 있었는데, 그만큼 오래된 절이라는 뜻이란다. 이 현판 글을 쓴

500년 수령의 '와송'

원통전 안에 있는 순조의 어필 '대복전'

사람은, 다름 아닌 소설 '구운몽九雲夢'을 지은 서포 김만중의 아버지라 한다. 내 옆에서 단체 관람자를 안내하는 문화 해설사의 설명이다.

잠시 원통전圓通殿 앞까지 단체를 따라가면서 해설을 듣는다. 원통전은 조선 22대 왕 정조가 후사가 없었는데 이곳에서 100일 기도를 하여 왕자를 낳은 곳이라고 한다. 그때 낳은 왕자가 순조이다. 따라서 원통전 내부에는 순조의 친필인 '대복전大福田'이란 현판이 걸려 있다. 단체가 떠나고 나니 갑자기 조용해지고 주변에 사람이 없다.

원통전 뒤뜰로 나서면 오늘의 주인공인 홍매紅梅와 선암매仙巖梅가 있다. 긴장된 마음으로 한발 한발 다가간다. 드디어 담 밖으로 돌아선다.

그런데 아니 보인다.

어찌된 일인지 매화꽃이 보이지 않는다. 홍매도 백매도 그 어디에도 없다. 정확하게 말하면 매화나무는 있는데 매화꽃이 없다.

어찌된 영문일까?

좀 더 가까이 다가가 이 나무 저 나무 홍매들을 살펴본다. 아직 꽃을 피우지 않았다. 불그스레한 꽃망울이 금방이라도 터질 듯이 구슬처럼 꽉 차올라 있다. 다음 주쯤 되면 가지 끝마다 진분홍 꽃잎이 활짝 필 것 같다.

그때쯤이면 무우전無憂殿 돌담길은 300살 고매古梅(매화가 150년이 넘으면 고매라고 부른다)들이 빨간 꽃을 피우고, 겨우내 참아온 향기를 내뿜으며 "이 땅에서 매화가 가장 아름답게 피는 길"이 될 것이다(조

원통전과 무우전 사이의 홍매

천연기념물 488호 '선암매'

선일보, 2011. 3. 29. '오태진의 길 위에서').

아쉽다. 불심이 부족해서일까? 연달아 두 해를 찾아 왔으나 그 모습을, 그 향기를 오늘도 느끼지 못한다.

돌담길 왼쪽 원통전과 칠전선원七殿禪院 사이에 높이 8미터의 거목인 백매화 한 그루가 떡 허니 버티고 서 있다. 천연기념물 488호로 지정된 630살의 선암매이다. 선암매를 찬찬히 올려다보니 하얀 꽃이 드문드문 피어 있다. 홍매는 아직인데, 백매는 벌써 피었던 것 같다.

나중에 스님께 여쭈었더니 지난겨울이 너무 춥고 바람도 심해 나이

원통전 뒤뜰에서 바라본 선암매에는 꽃이 많지 않았다.

많은 고매가 힘겨워서 꽃을 많이 피우지 못하였다고 한다. 금년에는 그렇더라고 내년에는 원기를 회복하여 하얀 눈꽃을 활짝 피우면 좋을 텐데, 아무래도 유명세 때문에 사람 발길은 많고 주변 지형이 영양분과 수분이 고이기에는 조금 경사져 있어 영양과 수분을 충분히 섭취하기가 쉽지 않아 보인다. 대책이 필요한 것 같다.

이와는 달리 주변에 있는 젊은 홍매들은 수많은 꽃망울을 준비하고 있는 것을 보면, 추위 탓만은 아닌 것 같다는 생각이 들어 마음이 더 무거워졌다. 어쨌든 금년에는 선암매가 활짝 피지 못하였다. 곧 개화하는 홍매에 기대를 걸 수밖에 없다.

옛 선비들은 겨울 눈 속에 피는 설중매雪中梅를 높이 쳤다. 찬바람을 견디어내고 향을 발하는 동매冬梅였다. 동매는 맑고 서늘한 냉염冷艷을 발하여 사람의 마음이 청신淸新해지도록 한다. 이에 반해 섬진강 다압 마을의 매화는 일본에서 건너온, 즉 매실 경작용 매화이다. 우리의 고매에 비하면 그 깊이가 얕고 가벼우며 수령도 100년을 넘기지 못한다 (조선일보, 2011. 3. 29. '오태진의 길 위에서').

불심이 미치지 못하여 오늘은 고매의 박비향撲鼻香(코를 찌르는 향기)을 맡지 못하고 발길을 돌리지만, 내년에 다시 오겠다. 그리고 며칠 후에 틈을 내어 장성 백양사의 고불매古佛梅를 맞으러 갈까 한다. 고매를 보지 않고서야 어찌 매화를 보았다고 하겠는가.

선암사를 나와서 '부운'에 오른다.

가까이에 차량소통이 그다지 많지 않은 호젓한 상사호 호반길이 있다. 절정을 조금 지난 벚꽃길이긴 하지만 바람에 휘날리는 꽃잎을 얼굴에 맞으면서 상사댐 물홍보관까지 왕복 22킬로를 시원하게 달려 본 후에야 광주로 돌아왔다.

섬진강 상류 가족 라이딩

여름夏

모후산,
산딸기에 홀리다

주말 오후, 시간이 조금 늦은 것 같지만 라이딩을 하고 싶은 마음을 떨칠 수 없어 자동차에 잔차를 싣고 화순 모후산母后山 아래 주암댐을 향한다. 오후 4시경 주암댐의 북쪽 최상류, 광주에서 벌교로 가는 15번 국도의 대원사 입구를 조금 못 미친 지점의 쉼터에 주차를 하고 잔차에 오른다.

역시 나오길 잘했다는 생각을 하면서 싱그러운 신록의 내음을 큰 숨으로 들이마신다. 일일레서타운 부근을 지나면 포장도로가 끝나고 흙길로 바뀐다. 출발지로 부터 약 10킬로 지점에 옛 '네비마을'터가 나온다. 지금은 댐의 담수로 인해 수몰지역이 되었지만, 그 전에는 이 지역에서 자그마치 네 명의 왕비가 나올 거라는 전설에서 유래된, 네비마을이 자리하고 있었다. 현재는 마을은 사라지고 길가에 마을의 유래를 전하는 조그마한 망향비望鄉碑만 쓸쓸히 서 있다.

유마사 쪽에서 바라본 모후산

 잠시 휴식을 취하면서 생각한다. 출발지에서 15킬로 지점, 호반 길
끝자락에 위치한 후곡마을(모후마을)까지 갔다 오기엔 시간이 넉넉하
지 못하다. 홀로 라이딩을 할 때는 시간적 여유가 더 절실하다. 역시
이쯤에서 돌아서는 게 좋을 듯싶다.

 그런데 되돌아오는 길에 우측으로 녹차 밭을 끼고 예쁜 오르막 임
도가 보인다. 어디로 가는 길일까? 궁금해진다. 그냥 지나치기에는 호
기심이 발동한다.

 한번 가 보기로 한다. 오르막 임도에는 녹차향이 가득하다. 잘린 녹
차 잎에서 나는 감미로운 향기가 코끝을 스친다. 그때서야 좀 전에 만
난 트럭이 생각난다. 그 트럭에는 많은 사람들이 타고 있었는데, 그들
이 이곳 녹차 밭에서 소위 우전차雨前茶(이른 봄 가장 먼저 딴 녹차 잎

산딸기

으로 만든 차)를 따는 작업을 하고 돌아가는 길이었던 것이다. 향긋한 녹차 향을 조금이라도 많이 맡고자 코와 입을 크게 벌리면서 오르막 길을 오른다.

'어라, 이 임도길 참 좋은데, MTB 길로 적격인데, 조금 더 올라가 보자.' 하고, 자꾸만 더 올라간다. 조금만 가다가 돌아 내려올 생각이 었는데, 이 길이 어디로 가는지 궁금해져 자꾸만 올라간다. 길은 멈추 지 않고 계속된다.

녹차밭을 지나니, 이번에는 임도 좌우 양편에 검붉은 색깔의 산딸 기가 주렁주렁 달렸다.

저걸 어쩌나, 정말 맛있겠는데, 그러나 곧 해가 지고 어두워질 시간이기에 산딸기를 딸 생각은 하지 못하고 바라만 볼 뿐 부지런히 페달 링만 반복한다.

　이렇게 약 2.5킬로 정도를 올라가니 고개 정상에 다다른다. 안개 속 저 멀리서 개 짖는 소리가 들려온다. 안심이 된다. 개 짖는 소리가 들릴 정도라면, 가까이 마을이 있음이 틀림없다.

　'그렇다면' 하고 갈증을 느끼고 있던 난, 정상에 잔차를 세우고 산딸기를 향해 달려들어 두 손으로 따 먹는다. 마을도 멀지 않은 곳에 있는데, 무엇이 걱정이냐, 우선 빨갛게 농익은 산딸기를 원 없이 따먹고 집에도 가지고 가서 아이들도 맛보게 해야겠다고 생각하고, 행동식으로 갖고 다니는 초콜릿을 비우고 그 봉지에 산딸기를 가득 따 담는다.

　'이쯤에서 내려가자' 하고, 고개를 넘어 내리막 임도를 2킬로쯤 내려가니 마을이 보이고, 밭에서 일하고 있는 아주머니를 만난다.

　"아주머니, 저 마을이 유마마을입니까?" 하고 말을 건넨다.

　"아닌데요, 후곡마을인데요."라고 대답하신다.

　"예? 아니, 후곡마을이라고요?" 이게 어찌된 일인가!

　라이딩을 시작할 때 후곡마을까지 가기에는 돌아올 시간이 충분치 않다고 판단하고, 도중에 돌아섰던 것인데, 후곡마을로 와 버리다니 이게 어찌된 일인가!

　예전에 오늘 출발 장소와 동일한 지점에서 시작하여 후곡마을까지 갔다가, 돌아오는 길은 국도를 이용해 고인돌공원 방향으로 돌아서 온 적이 있다. 거리가 약 40킬로 정도였고 시간도 많이 걸렸었다. 그래서 오늘은 시간상 무리라 생각하고 도중에 돌아섰던 것이다.

그런데, 후곡마을로 와 버렸으니 어찌한단 말인가!

달리는 수밖에 도리가 없다. 호반을 따라 난 비포장 임도를 달려 원위치할 수밖에 달리 방법이 없었다. 만감이 교차한다. 녹차 밭을 곁에 두고 올랐던 임도가 '유마사維摩寺'가 있는 모후산 북쪽의 유마마을로 가는 길일 거라고, 마음대로 생각한 것이 잘못이다.

국도로 돌아가는 길은 너무 멀고, 이제부터 돌아가야 하는 비포장 호반 길 또한 약 15킬로의 만만치 않는 자갈길이다. 곧 사방이 어두워질 텐데 라이트도 달고 있지 않다.

최대한 빨리 달려서 돌아가야 한다. 현재 시간 6시 30분, 크고 작은 돌들이 깔린 돌길을 달린다. 엉덩이를 높이 들고, 고인물이 튀어 오르든지 말든지 아랑곳하지 않고 앞만 보고 달린다. 제발 비는 내리지 말아다오. 길가에는 무덤도 많다. 겁도 난다. 속도계를 바라보니 시속 14킬로 달리고 있다. 오르막도 내리막도, 돌멩이도, 나뭇가지도, 흙탕물도 이 속도를 줄이지는 못한다.

달리고 또 달렸다. 어두운 밤길에 오로지 앞만 보고 달렸다.

그리하여 1시간 정도를 오고 나니 일일레저타운 표지판이 보이고, 포장도로가 나타났다.

캄캄한 어둠 속을 약 8킬로 더 달리니 불빛이 보인다. 도로를 달리는 차량의 헤드라이트 빛도 보인다.

안도의 한숨을 쉬면서 호반 길 끝자락에 자리한 '빛과 소금'이라는 레스토랑으로 들어가, 갈증 해소를 위해 맥주 한 잔을 들이킨다. 갈증과 흥분을 가라앉히고 어둠 속의 주암호를 응시한다. 내가 오늘 홀린 것은 아닌가?

그렇다, 산딸기에 홀렸다. 산딸기에 정신이 팔려 시간을 지체하였고 산딸기를 따려는 마음에 고개 아래 마을이 유마마을일거라고 마음대로 생각했던 것이다.

산딸기는 소문대로 대단한 에너지를, 스태미나를 발휘시켰다.

넘어지지도 지치지도 않고 캄캄한 어둠을 뚫고 15킬로의 자갈길을 달려왔으니, 달리 그 효능을 논할 필요는 없는 것 같다.

이날 이후로 주암호 호반 길에서 후곡마을로 넘어가는 임도와, 후곡마을에서 유마마을로 넘어가는 임도는 내가 가장 자주 가는 라이딩 코스의 하나가 된다.

지리산 회남재와
청학동

❖❖❖❖❖❖❖❖❖❖❖❖❖❖❖❖❖❖❖❖❖❖

1. 평사리와 회남재

7월 중순, 아침에 비가 내려 라이딩을 망설이다 정오가 다 되어서야 동호회 베테랑 라이더 한 사람과 광주를 출발하여, 구례를 지나 하동의 악양면 평사리에 도착하니 오후 3시가 다 되었다.

박경리의 대하소설 '토지'의 무대가 된 평사리 들판과 '최참판 댁'이 있는 TV드라마 세트장을 둘러본다. 세트장을 돌아 나와, 악양면사무소 옆 취간정翠澗亭(비취빛 계곡물이 흐르는 정자)에 주차한 후 잔차에 오른다. 목적지는 청학동으로, 악양에서 회남재(回南고개)를 넘어야 청학동에 갈 수 있다.

회남재를 오르면서 뒤돌아보니 이 고을은 뒤는 한국의 명산인 지리산이 두르고 있고, 앞은 섬진강이 유유히 흐르는 명당이 틀림없었다. 마을에서 회남재로 가는 길을 묻는 우리에게 방향을 일러주신 마을 어르신은 "옛적에는 여기가 청학마을이여, 지금의 청학동은 과거에는 사람이 살지 않은 곳이었지." 하시면서 고을에 대한 강한 자부심을 피력하셨다.

악양 소재지에서 회남재로 가는 데는 지름길인 산길과 돌아가는 길인 농로가 있는데, 당연히 돌아가야 한다. 이 사실을 몰랐던 우리는 덕기마을에서 회남재로 곧바로 오르는 산길을 가야할지를 두고 망설이면서 상당한 시간을 허비하였다. 돌아가는 길 또한 급경사 오르막이어서 수차례 잔차에서 내려 걸어야 하였지만, 비취빛 계곡물이 곁에 있어서 지루하진 않았다. 취간정에서 회남재까지는 약 12킬로로 처음에는 농로 길을 가다가 나중에는 도로로 올라서게 된다. 도로를 따라 악양 뜰을 내려 보면서 한참을 가다보면 비포장 임도가 나온다. 인적이 드문 그늘진 숲길을 2킬로로 정도 더 가면 회남재에 당도한다.

회남재에 오르면 악양면 소재지와 평사리 너른 들판, 그리고 섬진강이 그야말로 한눈에 들어온다. 조선시대 중기 퇴계 이황과 함께 영남학파의 두 거두로 불리는 남명南冥 조식 선생이 제자들과 함께 길지吉地(명당 터)를 찾아서 여기까지 오게 되었는데, 이 고개에서 악양방면의 지세를 살펴보니 그 형세가 섬진강을 향해 지나치게 가파르게 흐르고 있어서 이 고개 전방에는 좋은 터가 없을 거라면서 이곳에서 돌아갔는데, '남명이 돌아섰다' 하여 회남回南재라 부르게 되었다고 한다. 그러나 옛날 그 당시의 모습은 어떠하였는지 모르지만 지금의 모습은 분명 보기 드문 명가 터로 보였다.

회남재에서 바라본 전망(평사리 방향)   회남정回南亭

회남재에서 전망을 감상하고 다시 잔차에 오른다. 오래된 나무 표지판은 좌측은 삼성궁이 있는 청학동으로, 우측은 묵계黙溪마을로 가는 방향을 가리키고 있다. 표지판 옆에는 커다란 입간판이 있는데, 반공 선전물처럼 보이는 어울리지 않는 그림이 그려져 있고, 빨치산에 관한 내용이 간략히 적혀 있다. 회남재는 6·25를 전후해서 지리산으로 들어온 빨치산이 악양에서 식량을 구하려고 자주 출몰하였던 길목이기도 하였기 때문에 이러한 입간판이 서 있을 것이다. 그러나 그림이 조잡하고 시대착오적인 내용이어서 철거하고 새로운 안내판이 설치되는 것이 좋겠다는 생각이 들었다.

회남재에서 청학동으로 가는 6.5킬로는 완만한 내리막길로 우거진 나무 숲 속을 구불구불 돌고 돌아서 가는 최적의 MTB 흙길이다. 잔차맨인 두 사람은 모처럼 만난 멋진 길을 찬미하면서 전에 같이 참가하였던 MTB대회의 추억담으로 이야기꽃을 피운다.

청학동 삼성궁에 도착하니 벌써 오후 8시가 다 되어 사방이 어두워졌다. 낮에 주차한 악양 면소재지로 돌아가는 길을 서둘러야 하였기에 청학동 구경은 훗날로 미루고, 내리막길을 달려 묵계마을에 도착하여 라면으로 간단히 요기를 한 다음 하동호 방향으로 달려간다.

지도를 보면 묵계마을에서 회남재로 올라가는 지름길인 4킬로의 오르막 임도가 있으나 캄캄한 밤중이고 전에 가 본 적이 없는 길인 까닭에 그냥 지나쳤고, 하동호에서도 악양으로 넘어가는 15킬로의 시멘트 포장 임도가 있으나, 오르막이 많고 초행길에 혹 갈림길에서 길을 잘못 들 수도 있으니, 멀더라도 지방도를 따라 하동읍으로 돌아가는 것이 좋겠다는 마을 주민의 권고도 있고 하여, 결국 하동읍을 지나 악양으로 돌아가는 장장 62킬로 길을 택한다.

어둠을 헤치고 달려 나간다. 청암면과 횡천면을 지나 하동읍에 도착하니 배가 고프고 체력도 떨어져 맥주와 치킨으로 허기를 달래고 나니 자정이 되었다. 이곳에서 악양까지는 아직 17킬로가 남았다. 섬진강을 건너온 시원한 밤바람을 온몸으로 들이마시면서, 19번 국도를 비호飛虎처럼 날아간다.

낮에 주차한 취간정에 도착하니 새벽 1시, 잔차를 자동차에 싣고 광주에 돌아오니 새벽 3시가 되었다. 속도계에는 총 라이딩 거리 84킬로, 라이딩 시간 6시간, 최고속도 40킬로, 평균속도 13킬로의 기록이 찍혔다.

2009년 7월, 금년에는 장마가 길어 7월 말인데도 아직 끝나지 않았다. 사상 두 번째로 긴 장마라고 한다. 매일 내리던 비가 어제 오늘 소강상태가 되어 오랜만에 햇살이 나오고, 산하의 빛깔이 푸르고 투명하다. 베란다에 걸어 놓고 바라만 보던 잔차를 자동차에 싣는다. 모처럼의 라이딩, 조금 멀리가고 싶어진다. 그렇다면 역시 지리산이다.

광주에서 하동의 악양까지는 1시간 반 정도가 걸린다. 오전 11시에 악양에 도착하여 시간을 벌기 위해 '토지'의 세트장인 최참판댁은 그냥 지나친다. 면소재지로 들어가지 않고 우회도로를 이용하여 회남재로 바로 향한다. 회남재 전방 약 2킬로 지점쯤에 맑은 계곡이 있는데 이곳에 돌부처상이 세워져 있고, 사람들이 찾아와 소원을 빌곤 한다. 오늘은 어머님과 중학생쯤으로 보이는 아들이 나란히 무릎을 꿇고 양손을 모으고 있다. 방해가 되지 않도록 조용히 그곳을 지나쳐 주변의 그늘을 찾아 주차한다.

모처럼 오른 애마 부운의 승차감이 예사롭지 않다. 기분 좋은 라이딩이 예감된다. 도로에서 임도로 들어선 입구 부근이 장맛비로 상당히 유실되었다. 산의 경사를 고려하지 않고 길을 깎아서이다. 회남재까지의 약 2킬로의 임도는 예전에 왔을 때와는 상당히 달라졌다. 우선 흙길이었던 임도가 하얀 시멘트 길로 바뀌었다. 애써 아쉬움을 감추고 푸른 신록의 숲 속을 새소리와 물소리를 벗삼아 앞으로 나아간다.

회남재 정상에 도착하여 주위를 둘러본다. 전에 없던 '회남정回南亭'이 지어졌고, 주변이 깔끔하게 정돈되었다. 그리고 이 자리에 있었던 반공방첩의 표어가 담긴 입간판이 보이지 않는다. 재작년에 이곳으로 라이딩 왔을 때, 그 입간판을 보고 철거되었으면 좋겠다고 생각하였는데 오늘 보이지 않는다. 그렇다, 만물유전萬物流轉이라 하였다.

회남재에서 청학동 삼성궁으로 내려가는 임도에는 정겨운 산새울음소리, 맑은 계곡물소리, 풋풋한 풀내음 향기가 가득하였다. 이 길에서만 느낄 수 있는 참으로 소중한 것들이다. 물을 만나면 손을 담그고, 꿩이 날면 멈춰 서고, 들꽃을 만나면 향기를 맡으면서 쉬엄쉬엄 가다보니 청학상이 높이 걸린 삼성궁이 나타났다.

도인촌道人村으로 올라가 출입이 허용된 집들을 이곳저곳 돌아보면서 속세를 떠나와 청빈한 삶을 살아가는 도인들의 일상을 잠깐 엿보았다. 견학을 마치고는 묵계마을까지 시원하게 달려 내려간다. 묵계초등학교 교정으로 들어간다. 운동장 여기저기를 구경하다 그만 씨름판에서 어이없게도 커다란 곡선을 그리면서 잔차에서 낙마를 하고 만다. 오랜만에 맛보는 자빠링(MTB 용어로 자전거와 함께 넘어짐을 의미한다)이다. 모래 위라 다행이었지만 정신이 번쩍 들었다.

운동장 커다란 벚나무 그늘 아래 자리를 잡고 행동식으로 준비한 김밥으로 점심을 대신하고, 학교 앞 가게에서 간단한 음료를 챙겨 회남재를 향해 임도로 들어선다. 2년 전 밤길이어서 오르기를 포기했던 그 길이다. 삼성궁에서부터 흘러내린 묵계천을 건너 묵계저수지를 내

회남재에서 청학동으로 가는 임도   청학동 삼성궁의 청학상

려다보면서 좌측 가파른 산길로 접어든다. 회남재까지는 약 5킬로인 산길은 군데군데 시멘트로 포장되어 있으나 흙과 자갈이 깔린 멋진 임도이다.

페달을 밟는 두 다리의 근육이 뭉쳐오고 허리에 통증이 전해질 무렵, 저 앞에 회남재 삼거리가 나타나고 오전에 오면서 쉬었던 회남정이 보인다. 그런데 고갯마루 주변이 시끄럽다. 요란한 기계소리가 들리고 두런두런 사람소리도 들려온다. 벌목꾼들이 벌채를 하고 있었다. 오랜 세월 이곳을 지켜온 나무들이 베어지고 있다. 안타깝긴 하지만 벌목 또한 필요해서 행하리라 생각하고 회남정을 뒤로한 채 고개 아래 출발지로 내려간다.

주차 장소로 돌아와 차가운 계곡물에 잠시 두 발을 담그고 피로를 푼 다음, 자동차에 부운을 싣고 구례를 경유하여 광주로 향한다. 130여 킬로의 먼 거리이다. 그러나 멋진 곳에서 즐거운 라이딩을 하기 위해서는 이 정도의 수고와 경비는 감수할 수밖에 없는 듯하다.

순천 고동산
라이딩의 교훈

전국의 이곳저곳에 뇌성벽력이 치고, 하늘에 있는 둑이 뚫린 양 집중 폭우가 이삼일 계속되었다. 오늘 오전에는 갑작스런 남북정상회담 개최 발표로 온 나라가 술렁댔다. 개인적으로는 천둥번개와 비로 인한 고향(고흥)집 전기단전과 비설거지가 염려되었다.

이런 날씨가 어렸을 적에도 있었던가, '게릴라성 폭우'라는 말은 분명 예전에는 들어본 적이 없다. 결국은 고향집을 내려가 보기로 하고 짐을 챙긴다. 자전거도 싣는다(이 빗속에 자전거를 챙기는 스스로가 어이없다). 고향으로 가는 길에 여차하면 전부터 한번 가 보고 싶었던 벌교 낙안읍성 부근의 고동산을 올라야겠다는 심산이다.

주암댐을 지나면서 빗줄기가 잠시 멈추고 검은 구름 속에 언뜻언뜻 햇살이 비치기도 한다. 벌교를 향하던 차는 어느새 방향을 돌려 낙안읍성 후문을 바라보면서 857도로를 따라 선암사 방면으로 달리고 있다. 온천과 휴게소를 겸하는 주차장을 지나 고개를 넘으면 관광농원 표지판이 왼쪽에 나타난다. 조금 더 가면 좌측으로 수정로와 목촌로라는 작은 표지판이 보인다.

수정로로 들어서 수정마을 회관 앞에 주차를 하고 잔차에 오른다. 현재 시간은 3시 30분, 고동치를 향해 오르는 약 2킬로 길은 가파르고 거칠다. 돌길에 가깝다.

'바이크 투어 맵(환경부)' 지도 안내서에는 초보도 어렵지 않게 탈 수 있다 하였는데, 오늘 상태는 그렇지 않다. 고동치까지 절반 이상을 끌바(MTB 용어로 자전거를 끌고 간다는 의미)로 간다. 오늘 아침까지 큰비가 내렸고, 지금도 간간이 비가 내리고 있으니 길은 물 반, 돌 반인 셈이다.

고동치에 올라서니 산 정상의 풍경이 조금 색다르다. 정상의 사방에는 큰 나무도 작은 나무도 보이질 않고, 초원처럼 풀이 무성할 뿐이다. 단지 순천시가 조성한 철쭉꽃나무만이 여기저기 군락을 이루고 있다. 안개로 인해 먼 곳을 전망하지 못한다.

정상에서 시멘트 길을 따라서 계속 전진하면 하얀 벽돌건물 앞에서 길은 끝난다. 다음의 중간 목적지인 장안치로 가려면 왔던 길을 되돌아 나와 삼거리에서 우측 비포장 돌길로 들어서 가파른 내리막을 3킬로 정도 다운힐(내리막 경사 라이딩)하면, '홍도 민박집'이 나온다.

홍도 민박집 앞은 삼거리이다. 여기가 요주의 지점이다. 장안치로 가기 위해선 민박집을 좌측 아래에 두고 우회전하여야 한다. 만일 무심

장안치에서 바라본 고동산

고동산과 연결된 산줄기들

코 직진해 내려가면 장안리 마을로 가고 만다. 난 이곳을 지나쳐 마을 쪽으로 한참을 갔다가 되돌아 올라왔다.

홍도민박집 뒤를 돌아가는 완만한 임도를 따라 8킬로를 가면 장안치가 나온다. 이때가 벌써 오후 6시 30분, 해가 진다. 잔차에 전방 라이트를 달고 있지 않다는 것을 알고 걱정이 든다. 마음이 바빠진다.

'이제부터 남은 길은 대부분 다운힐과 도로겠지.' 하고, 이때만 해도 마음 편히 생각하였는데 나중에 이것이 큰 오산誤算이었음을 알게 된다.

지도를 보고 홍림마을 방향으로 다운힐을 시작한다. 도중에 삼거리가 나와 좌측 아래쪽에 마을이 보여 그곳을 향해 한참을 내려갔는데 홍림리가 아니고 저동마을이 나왔다. 홍림리로 가려면 삼거리에서 우측으로 가야 했었다. 이곳 삼거리에서의 잘못된 방향 선택이 이후 고통스러운 라이딩으로 이어지는 결과를 초래하게 된다.

장마와 최근에 연일 계속된 비로 인해, 저동마을로 내려오는 급경사 시멘트 임도는 수로처럼 이끼가 끼어 있었고, 길 한가운데로 물이 흘러가고 있었다. 안장에서 내려 걸어가는 것이 마땅한 길이었음에도 시간에 쫓기고 마음이 바빠서 잔차에서 내리지 않고 그대로 다운힐을 진행한다.

결국에 한순간 잔차와 함께 미끄럼을 타면서 시멘트 길바닥에 내동댕이쳐지고 만다. 낙차落車(자전거와 함께 넘어짐)다. 길바닥에 넘어진 채 한동안 일어서질 못한다. 처음 입은 새 라이딩복 상의는 여기저기 찢어지고 찰과상을 입은 어깨는 피에 젖었다. 다시 일어섰지만 이때부터는 겁에 질려 속도를 내지 못한다.

사방은 이미 어둠이 깔려 캄캄한데 비마저 멈추지 않고 계속 뿌린다. 게다가 두 차례나 길을 잘못 들어 되돌아선다. 결국은 예정에 없었던 남정마을에 도착하여 마을 주민에게 길을 묻고 겨우 방향을 잡아 석흥리로 길게 돌아서 빠져나온다.

선암사에서 낙안읍성으로 가는 857도로로 겨우 들어섰지만, 칠흑 같은 어둠 속에 라이트도 없다. 빗줄기는 더욱 세차고, 인적 없는 고개는 굽이굽이 돌고 돌아 올라간다. 설상가상雪上加霜으로 잔차의 뒤 기어 1단과 2단이 정상적으로 작동하지 않는다. 앞 기어 1단에 뒤 기어 3단으로 고갯길을 올라가야 한다(좀 전의 낙차 때 행거가 휘어버린 듯하다).

갑자기 무서워진다. 누가 등 뒤에서 어깨를 칠 것 같아 머리카락이 서고 등줄기가 오싹해진다. 체온이 많이 떨어져 이빨이 서로 부딪친다.

아, 다시는 이런 라이딩을 하지 말아야지!

여름

일순간 헤드라이트 빛과 함께 자동차 한 대가 지나갔다. 도움을 청했어야 했는데, 늦고 말았다. 그렇다면 갈 때까지 한번 가 보자는 오기가 발동하였다. 언젠가는 수정마을에 이르게 될 거라는 일념으로 페달을 돌리고, 돌리고, 또 돌린다. 무서움을 떨치기 위해 노래도 부른다.

드디어 마을이 나오고 길가 희미한 불빛에 가게가 나온다. 반가움에 뛰어 들어간다. 허기를 달래는 맥주 한 잔이 이다지도 달콤할 수 있을까? 수정마을까지는 4킬로 정도 남았다고 한다. 한숨을 길게 쉬고 다시 안장에 오른다. 목촌리를 지나 또 한 차례 길을 잘못 든 다음에야 수정마을에 드디어 도착한다.

이렇게 하여 수정마을 회관 앞 정자로 원점 회귀하니, 저녁 9시 뉴스를 전하는 TV소리가 담 너머 민가에서 들려온다.

아, 유구무언有口無言, 할 말이 없다.

정자에 그대로 쓰러져 눕고 만다. 한동안 그렇게 누워 있다가 정신을 차려, 잔차를 자동차에 싣고 고향집으로 향한다.

"힘든 라이딩이었다."라는 말밖에 할 말이 없다.

준비 없고 즉흥적인 무모한 라이딩에 대한 대가는 정말 가혹하였다. 언제나 처음 가는 길은 기대와 설렘이 있다. 그러나 이 또한 사전 준비와 시간, 그리고 안전이 확보되지 않으면 안 된다. 오늘의 라이딩이 준 교훈이다.

청산도,
순수와 인정이 넘치는 섬

첫째 날

7월 말, 한여름의 기온이 30도를 오르내리고 아이들이 방학을 한 지도 일주일이 지났다. 금년도의 가족 휴가는 완도의 청정한 섬, 청산도青山島로 가기로 벌써부터 마음속에 작정해 두었다. 요즘은 아이들과 함께 움직이려면 학교뿐 아니라 학원 일정에도 맞추어야 하는데, 마침 학원 방학도 8월 초까지라고 한다.

여행을 준비하는 아침이 분주하면서도 즐겁다. 승용차에 캐리어를 설치하여 다섯 대의 자전거를 싣고, 약 세 시간을 달려 완도항에 도착하였다. 항구의 주차장에 자동차를 대고, 모두가 자신의 배낭을 어깨에 메고 자전거는 손으로 끌면서 청산도행 배에 올랐다. 딸과 두 아들, 그리고 나와 아내는 섬에 도착할 때까지 줄곧 갑판 위에서 뱃머리에 부서지는 하얀 파도와, 다가왔다 멀어지는 다도해의 이름 모르는 섬들을 바라보면서 이제부터 시작하는 모처럼의 휴가에 기분이 들떠 있었다.

한 시간이 채 걸리지 않아 '청산항(도청항)'에 도착한다. 전화로 예약해 둔 '등대'라는 여관은 바로 선착장 부근이다. 새 건물은 아니지만 친절한 주인아주머니가 반갑게 맞아 주시고, 자전거는 일층 가게에 두어도 좋다고 하신다. 이층으로 올라가 비교적 넓은 온돌방에 각자의 짐을 내려놓고 곧바로 라이딩을 준비한다.

방향은 시계방향으로 정하고 항구의 좌측 언덕길로 올라간다. 맨 앞에는 내가, 다음은 막내아들, 딸, 큰아들, 그리고 맨 후미는 아내 순이다. 작은 고개를 넘으니 좌측 해안에 지리해수욕장이 나오고 한 구비 더 돌아가니 신흥해수욕장이다. 여기까지 9킬로를 왔다.

시원한 바다를 보면서 오르막과 내리막을 번갈아 오르내리면서 모두가 힘들다는 불평 없이 잘 달려와 주었다. 신흥해수욕장이 청산도 일주 도로의 반환점이다. 해수욕장은 마침 물때가 만조시간이어서 가득 들어온 바닷물에 묻혀 백사장은 보이지 않는다. 주변에는 소나무 그늘이 드리워져 캠핑장으로 안성맞춤이다. 이곳에서 한 시간 정도 휴식을 취하고 아이들은 시원한 아이스크림에 환호하면서 벌써 오던 길의 피로함을 잊은 듯싶다.

다시 잔차에 올라, 섬의 내륙으로 들어선다. 섬 남쪽 바닷가는 산과 절벽으로 되어 있어 바다를 보면서 일주하는 해안 길은 없다. 물론 보적산(330미터)의 '범바위'와 '장기미 해변'을 MTB로 갈 수 있으나 들

청산항에서 지리해수욕장을 지나 신흥해수욕장으로 가는 길

어갔다가 돌아 나와야 한다. 이곳은 나중에 나 혼자 다시 올 계획이
고, 아이들과는 대봉산(379미터) 남쪽 산자락에 울긋불긋한 지붕들
이 옹기종기 모여 있는 청계淸溪마을과 부흥復興마을 앞을 지나는 도로
로 진행한다.

　마을 앞 정자에 이르니 할아버지 몇 분이 담소를 나누고 계신다. 인
사를 여쭙고 잠시 쉬면서 섬과 마을 사정에 대한 이야기를 듣는다.
　이야기 도중에 "마을 앞은 바다가 보이고 마을 뒤는 산이 두르고 있
으며, 주변이 섬마을 같지 않게 논밭도 상당히 넓어 마을 터가 명당입
니다."라고 하는 어쭙잖은 내 풍수지식을 동원해 말씀 드리자, 할아버
지 한 분이 "아니여, 바다가 멀리 떨어져 있어 접근하는 데 별로 좋지

신흥해수욕장에서의 휴식

않고, 어촌도 농촌도 아니고 어중간해서 그다지 좋은 게 없어"라고 응수하신다. 난 "아, 그렇습니까." 하고 말문이 막혔다.

마을을 지나오면서 나는 할아버지 말씀을 다시 생각하니 그 뜻을 조금은 알 것 같았다. 다음날 다시 와서 알게 되었지만, 신흥해수욕장인 앞바다는 밀물과 썰물의 차가 심하고 갯벌이 넓어, 해수욕장으로도 썩 좋은 입지 조건이 아니었고 부두로서도 같은 이유에서 마땅치 않았다.

아이들을 앞장세우고 몇 개의 동네를 지나 제법 긴 고갯길을 땀을 뻘뻘 흘리면서 거북이처럼 올라서니, 좀 전에 떠나온 신흥해수욕장 앞바다가 등 뒤로 환히 내려다보인다. 그리고 보니 신흥해수욕장부터 서서히 오르막이 시작되어 청계마을을 지나면서는 그 경사가 더 심해진 약 5킬로의 오르막길을 온 것이다.

초등학교 4학년, 3학년, 1학년인 아이들이 "힘들어 죽겠다."라며 번갈아 소리치면서도, 포기하지 않고 안간힘을 쓰면서 페달을 밟고 따라와 준 것이 고맙고 기특하다. 아이들은 오던 길 근처에 잘 보존된 지석묘支石墓와 하마비下馬碑, 구들장 논 앞에서는 현장공부를 시키려는 아빠의 열띤 강의도 들어야만 했다.

'당리마을'로 오르는 마지막 고갯길이 나타난다. 당리고갯길은 한낮의 더위와 함께 나마저도 그로기groggy 상태로 몰아갔다. 아이들에게는 조금만 더 가면 경치 좋고 유명한 영화 촬영지가 나오니까 힘내라고 사기를 북돋운다.

드디어 영화 〈서편제〉의 라스트 신을 장식한 유명한 당리의 초가집과 돌담길을 마주한다. 옆에는 〈봄의 왈츠〉의 세트장도 그대로 남아 있다. 전망은 그야말로 최고다.

당리가 아마도 청산도에서 가장 고지대에 위치한 마을일 것이고, 촬영지는 그 위에 위치하고 있으니 파란 바다와 사방이 훤히 다 보이고 발아래에는 오늘 우리가 배를 타고 도착한, 라이딩을 시작하였던 '청산항'이 그림처럼 보인다.

세트장을 구경하고 기념사진을 찍으면서 〈서편제〉와 〈봄의 왈츠〉를 이야기하건만, 아이들은 별 반응이 없다. 그도 그러할 것이 영화를 본 적이 없고 동편제, 서편제를 알 리가 없으니 말이다. 저 훗날 아이들이 자라서 다시 이곳에 올 날을 기대할 수밖에 없다. 그때 아빠와

당리마을을 배경으로 두 아들과 함께

〈서편제〉 세트장에서 찍은 기념사진

왔던 오늘을 추억하면서 동편제와 서편제를 이해하는 것은 아이들의
몫이다.

　여기서 청산항까지 가는 길은 급경사 내리막이어서 아이들에게 주
의를 주고 조심스럽게 내려간다. 숙소에 도착하여 씻고 나니 저녁이
다. 아이들에게 오늘 수고에 대한 보답으로 맛있는 저녁을 사 주겠다
고 선언하고, 밖으로 나와 부둣가를 산책한 후 상점가의 정갈한 식당
으로 데려가 청산도의 특산물로 푸짐하게 차려진 백반정식을 먹는다.
　숙소로 돌아와 아이들은 평소에 집에서는 보지 못한 유선방송 어린
이 프로에 빠져들고, 난 9시 뉴스를 기다리다 그만 잠이 들고 말았다.

둘째 날

새벽에 눈이 뜨여 시계를 보니 아직 3시이다. 잠시 그대로 천장을 바라보다 다시 잠들기는 어렵다는 생각에, 조용히 옷을 입고 라이트를 챙겨서 방을 빠져나온다. '화랑포'와 보적산의 '범바위', '장기미 해변'을 갔다 와야겠다.

청산도의 라이딩 코스는 알려진 대로 섬을 일주하는 도로 외에 비포장 MTB 코스로 화랑포 가는 길, 보적산 범바위 가는 길, 장기미 해변 가는 길 등이 있다.

먼저 화랑포를 가기 위해, 어둠을 뚫고 라이트 빛에 의지하여 어제 낮 라이딩의 마지막 지점이었던 당리마을 영화세트장을 향해서 역으로 올라간다. 그런데 도착한 세트장에 이 시간에 사람이 있는 것 같다. 도란도란 이야기 소리가 들린다. 〈봄의 왈츠〉 세트장을 향해 좀 더 가까이 다가간다. 아, 상황을 제대로 파악한다. 세트장의 환한 불빛이 영화 주인공을 본떠 만든 마네킹을 비추고 있었고, 영화의 대사가 녹음기에서 흘러나오고 있었다. 좀 전의 무서움과 긴장이 풀리면서 피식 웃음이 나왔다. 진짜로 사람이 앉아 얘기하고 있는 줄 알았다. 멀리서 그렇게 보였다. 아이디어가 기발하다.

화랑포 길은 처음이라 지도를 상상하면서 해안을 따라 검은 바다를 보면서 앞으로 간다. 저 아래 검은 바다에 어선 한 척이 움직이는 불빛이 보인다. 반갑고 덜 무섭다. 해안을 따라 비포장 흙길과 시멘트 길을 오르고 내리면서 화랑포를 한 바퀴 돌아 나온다.

이번에는 보적산 범바위를 오르기 위해 권덕리 마을로 향한다. 아직 해가 뜨지 않아 사방은 어둡고 마을은 정적에 싸여 있다. 마을 뒤편 등산로 길은 자전거를 탈 수 없어 끌고 올라가니 범바위로 가는 임도를 만난다. 혼자 독백을 한다. "난 MTB에 단단히 중독이 되었나 보다. 꼭두새벽 캄캄한 어둠 속에 겁도 없이 산속 길을 자전거를 끌고 홀로 올라가고 있다니."

드디어 보적산 정상 바로 아래 호랑이 형상을 한 커다란 바위, '범바위'가 보인다. 가까이에는 전망대도 있다. 걸어서 정상까지 오른다. 범바위와 정상에서 바라보는 망망대해는 어두운 새벽빛 속에서도 감동 그 자체이다.

정상의 남쪽은 깎아진 절벽이고, 그 절벽에 남쪽 바다에서 밀려온 파도가 쉼 없이 철썩철썩 부딪혀 하얗게 흩어진다. 그 사이로 삼각형 모양의 무인도(상도) 하나가 외롭게 떠 있을 뿐, 아무것도 시야를 가리지 않는다. 맞은편은 청산도 제일봉인 매봉산(385미터)이 산자락을 넓게 펼치고 기세 좋게 솟아 있다.

이제야 아침 해가 떠오르고, 먼 바다는 붉은 빛으로 물들어 온다. 사물이 또렷해지고 산에 푸른 기운이 돈다. 멀리 떠오르는 여명黎明의 붉은 태양은 그야말로 장관이다.

여기까지 온 보람을 충분히 느끼고 몇 장의 기념사진을 찍고 나서 방향을 청계리 쪽으로 잡고 산을 내려간다. 반대쪽에서 관광객이 타고 올라오는 자동차 불빛이 여러 번 비켜 간다.

보적산의 범바위

청계리로 내려오는 길에 '장기미 해변'으로 가는 표지판을 만난다. 한가롭고 조용한 산기슭을 2.5킬로 정도 따라가니 좌우로 매봉산과 보적산이 만나는 바닷가에, 작고 예쁜 자갈이 깔린 해변이 나온다. 아침 햇살에 하얀 돌들이 반짝반짝 빛난다. 동화책에서나 나올 법한 조약돌들이 파란 바닷물 속에 잠겨 있다.

장기미 해변을 돌아 나와 청계리와 당리마을을 지나서 청산항의 숙소로 돌아오니 아이들이 이제야 잠자리서 일어난다. 아침을 집에서 준비해 온 반찬으로 숙소에서 해결하고 아이들을 데리고 가까운 '지리해수욕장'으로 나선다. 아이들은 신이 났다.

아래층으로 내려와 주인아주머니를 만나, 걸어서 지리해수욕장으로

장기미 해변

간다고 하니 그쪽으로 가는 트럭을 소개해 줄 테니 기다리라 하신다.

잠시 후 우리 가족은 같은 여관에 머물면서 해수욕장 근처의 공사현

장에서 일하시는 아저씨의 트럭을 타고 해수욕장에 도착한다. 훈훈한

인정에 감사드린다.

백사장에 모두 둘러앉아 모래성을 쌓기도 하고, 예쁜 조가비 찾기

도 하고, 아이들에게 물에 뜨는 방법을 알려주기도 하면서 오후 늦게

까지 해수욕장에서 시간을 보내고, 숙소로 돌아올 때는 청산도 콜택

시를 이용하였다.

저녁시간은 부둣가 근처 해안을 따라 어촌마을 몇 곳을 잠시 라이

딩하고 돌아와, 아이들과 TV를 보면서 휴식을 취한다.

셋째 날

아침에 일어나 각자의 자전거를 점검하고 라이딩 준비를 한다. 오전에는 어제 새벽에 홀로 라이딩하면서 아이들을 데리고 와 봐야겠다고 생각하였던 화랑포 일주길을 가려 한다. 역시 청산항에서 당리로 오르는 업힐 길이 아이들의 자전거로는 버겁기도 하고, 차량통행도 잦아 조심해서 올라간다.

영화 촬영장에서부터는 아무도 만나지 않고 우리들만의 여유로운 하이킹이다. 잘도 따라와 준다. 1학년 막둥이 녀석이 기특하다. 힘들다고 때를 쓸 만도 한데 말없이 바짝 내 뒤를 따라온다.

어제 새벽에는 어둠에 가려 아무것도 보지 못했는데, 지금은 우리가 가는 길이 산기슭 해안을 따라 꽤 높은 고도에 만들어진 임도 길임을 알 수 있다. 그래서 높은 시야에서 더 멀리 더 뚜렷이 코발트빛 망망대해를 볼 수 있다. 가히 비경秘境이라 할 수 있겠다. 섬들도 보인다. 가까이는 소모도, 대모도, 불근도가 있고, 멀리는 완도의 소안도까지 보인다. 도중에 뷰포인트(전망대) 안내판 옆에서 잠시 휴식을 하면서, 그제 밤에 이곳을 혼자 온 무용담을 들려주면서 아이들에게 자랑한다.

오후에는 지리해수욕장으로 간다. 한낮에 더위는 30도를 넘었고 주말의 해수욕장은 '가요제'도 예정되어 있어 많은 사람들로 붐빈다. 가요제 전 이벤트 행사로 지역 주민들이 해수욕객들과 함께 해변에 그물을 크게 펼쳐 물고기를 잡는 놀이도 있다. 그물에 잡힌 작은 물고기를 보고 아이들이 환호한다. 그 사이 시작된 가요제는 사람들을 무대

아이들과 함께 화랑포를 돌아 나온다

일출 무렵의 화랑포 일주길

앞으로 불러 모으고, 백사장에는 노래 가락이 울려 퍼진다. 여러 가지를 즐겁게 체험한 하루였다.

해질 무렵 숙소로 돌아오니 부둣가에 인파가 몰려 있다. 선착장에 도착한 배에서 방송국 스태프들이 무리지어 내린다. 내일 아침 신흥 해수욕장에서 KBS2TV 〈1박 2일〉 촬영이 있다고 한다. 출연진도 이미 도착하였단다. 내일 아침 그쪽으로 가 보자고 아이들이 조른다. 그렇게 하기로 하고 일찍 잠자리에 든다.

넷째 날

아침 일찍 우리는 숙소에서 식사를 마치고 서둘러 첫날 갔던 코스로 자전거를 타고 신흥해수욕장으로 달려간다.

거리는 9킬로이지만 재차 가는 길이어서인지 오늘은 더 멀게 느껴진다. 힘들여 달려온 촬영장 펜션 앞에는 벌써 많은 사람이 모여들어 출연진을 기다리고 있다.

30분, 한 시간이 지나도 끝내 출연진은 얼굴을 보여 주지 않는다. 실망하고 돌아오는 길은 어른, 아이 모두 페달링이 힘들다. 뙤약볕 아래 마을과 고개를 넘어 숙소로 향하건만 바퀴의 구름은 더디기만 하다. 첫날은 잘 따라 주었던 아이들도 오늘은 힘들다고 아우성이다. 모든 일이 마음 여하에 달렸다 하였는데, 〈1박 2일〉 출연진을 만날 수 있을 거란 기대를 갖게끔 한 나의 불찰이다. '일체유심조一切唯心造(모든 것이 마음먹기에 달렸다)'라는 글귀가 떠오른다.

마지막 날

오늘 오후에는 청산도에서 광주로 돌아간다. 오전에는 항구에서 가까운 도청리와 도락리 마을을 돌아보기로 한다. 도락리에 가서 바닷가 정자에서 그물을 손질하고 있는 마을 주민인 아저씨 한 분을 만난다. 펜션을 운영하면서 고기잡이도 하신다는 아저씨는 뜻밖에도 아이들이 귀를 쫑긋하고 들을 이야기를 들려주신다. 다름 아닌 그물에 걸린 밍크고래 이야기이다.

한 해 전, 아저씨는 바다에 쳐 놓은 그물을 걷으러 갔었는데, 그 그물에 밍크고래가 걸려 있었다고 한다. 아저씨는 밍크고래를 6시간 만에 겨우 바다에서 뭍으로 끌고 나올 수 있었다고 한다. 아이들은 아저씨가 들려주는 이야기에 신이 났고, 나와 아내는 아저씨가 소개해 준 포장마차에서 이제 막 바다에서 잡아온 자연산 광어회와 매운탕을 맛볼 수 있어서 즐거웠다. 돌아오는 길에 나는 '바다의 로또'로 불리는 밍크고래가 아저씨에게 큰돈이 되었을 거라는 이야기를 아이들에게 들려준다. 아이들은 "아저씨가 착하셔서 그런 행운을 얻게 되었다."라고 한다.

처음, 청산도 가족여행은 2박 3일을 예정했었다. 그런데 우리는 결국은 4박 5일을 머물렀고, 오후에 배를 탄다. 그만큼 청산도는 아름다웠고 우리를 즐겁고 신나게 해 주었다.

과연 우리를 붙잡은 청산도의 매력은 무엇이었을까? 그것은 무엇보다도 때 묻지 않은 순수純粹함과 포근한 인정人情이었다.

순수함은 청산도의 바다에서도, 청산도의 흙에서도, 그리고 청산도의 사람들에게서도, 느낄 수 있었다. 저 훗날 그 언제까지도 이 순수함이 그대로 지켜지길 간절히 소망해 본다.

안녕, 청산도.

지리산 70킬로 라이딩
(천은사→광의→산동→육모정
→정령치→성삼재→천은사)

다음 주부터 2학기가 시작된다. 그래서 오늘은 평소에 자주 가는 근교 라이딩보다는 조금 멀리 가서 스케일이 큰 라이딩을 하고 싶은 맘이다. 그렇다면 지리산, 아니면 지리산 자락 섬진강, 두 곳을 놓고 아침부터 고민하다가 결국 지리산으로 결정한다. 호남고속도로를 달려 11시 30분경에 구례 천은사에 도착한다.

천은사泉隱寺 앞 삼거리 공터에 주차를 하고 '성삼재' 방향으로 막 올라서다 머리에 번득 스치는 생각이 하나 있어, 핸들을 꺾어 유턴한다. 그렇다, 오늘은 조금 다르게 가고 싶다. 대개는 천은사에서 시작하여 '시암재'를 지나 성삼재까지 왕복을 하거나, 성삼재에서 더 진행하여 '정령치'*까지 왕복하는 것이 보통이다.

---

* 마한의 왕이 진한과 변한의 침략을 막기 위해 정鄭씨 성을 가진 장군을 파견하여 지키게 하였다는 데서, 정령치鄭嶺峙라 부르게 되었다고 함.

그런데 순간적으로 또 다른 코스 하나가 떠올랐다. 즉, 천은사를 출발하여 국도(19번)를 따라, 광의면→산동면→주천면을 통과하여 육모정으로, 다시 육모정에서 정령치로 올라 성삼재를 지나서 천은사로 내려오는 코스가 그려졌다. 총 거리 약 70킬로 정도의 일주 코스가 나온다. 거리가 만만치 않고 뜨거운 태양 아래 아스팔트 국도를 달려야 한다는 어려움이 있지만, 새로운 코스에 대한 도전과 모험심이 발동하여 망설임 없이 잔차의 기수를 광의면 방향으로 돌린다.

2차선 도로를 따라 펼쳐지는 광의면은 논밭이 많은 들판 지역이다. 지리산의 남쪽 봉우리 노고단 바로 아래 이런 널따란 들판이 있다니 신기할 따름이다. 한 여름 푸른빛으로 가득한 들길 한가운데를 가로질러 달려갈 때는, 앞에서 불어오는 바람이 있어 덥다고 느끼기보다는 오히려 가슴이 탁 트이고 시원하다. 오늘 라이딩 코스에 대한 결정은 탁월한 선택이었다고 스스로 자화자찬自畵自讚한다.

광의저수지를 지나 예전의 19번 국도를 달려 산동면 소재지에 도착한다. 국도에서 3킬로 우측으로 들어가면 '수락폭포'가 있다는 안내판이 보인다. 구례군이 선정한 '구례 8경'의 하나인데, 그냥 지나칠 수 없지 않은가. 마을로부터 완만한 오르막길을 3킬로 정도 산 쪽으로 올라가니, 보기만 해도 시원한 높이 10여 미터 정도의 폭포가 하얀 물보라를 일으키며 계곡으로 낙하한다. 폭포 아래는 비옷을 입은 아주머니들이 폭포수를 맞으면서 왁자지껄 즐겁다. 폭포수를 맞으면 관절, 신경통에 효험이 있다는 말 때문일 것이다. 비옷을 입기는 했지만

강가 풀밭에서 한가로이 풀을 뜯는 누렁이와 누워 쉬고 있는 어미 소와 송아지

수락폭포

물에 젖은 50대 여인들 덕분에 오래 서 있기엔 조금 민망하다. 자리를 뜰 수밖에 없다.

폭포에서 마을을 지나 긴 내리막길을 시원하게 내려와 다시 19번 국도 남원 방향으로 들어선다. 상당한 경사의 업힐 고갯길이 4킬로 정도 계속된다. 밤재이다. 힘이 들고 이마에 땀이 흘러내린다. 벌써 수통의 물은 비어 버렸고 갈증은 더 심해진다. 건너편 쪽에 주유소가 보인다. 그러나 중앙 분리대를 넘어야 하기에 그냥 지나친다. 길가 수풀을 헤쳐 보니 산에서 흘러내려온 물이 조금 고여 흐르고 있다. 맑고 깨끗함을 따질 때가 아니다. 우선 마시고 본다. 엎드려 들이키는 물맛에 흙냄새가 가득하다. 물 반 흙 반인 그런 물이다. 그러나 갈증은 해소되었다. 아스팔트의 열기를 온몸으로 감지하면서 계속 올라간다.

고갯길 정상은 '밤재터널'이다. 500미터의 긴 터널이다. 어둡고 캄캄한 터널 속에서 공포감을 느낀다. 후미 등을 깜박이면서 조심스레 타고 가는 자전거 옆을 대형트럭이 스쳐가면서 빵— 하고 경적을 울려댄다. 지축이 흔들리고 자전거가 흔들린다. 왜 이리 트럭은 많이 지나가는지, 공포와 불안, 두려움에 브레이크를 자주 잡고 속도를 내지 못한 채 길고 긴 터널을 겨우 빠져나왔다.

휴— 하고 안도의 한숨을 내쉬면서 지나온 터널을 뒤돌아본다.

터널을 통과하자 휴게소가 있다. 놀란 가슴을 진정시키고, 휴식과 보충식(잔차맨들이 라이딩 도중에 에너지 충전을 위해 먹는 간식)으로 에너지를 충전하고 라이딩 자세를 가다듬는다.

주천면 소재지를 지나 '육모정六茅亭'으로 향한다. 육모정 계곡에는 평일이어서인지 사람은 많지 않다. 잠시 물속에 손발을 담그고 땀을 식히면서 사람 구경도 한다.

계곡물을 수통에 가득 담고 '정령치' 고갯길을 오르기 시작한다. 지리산 북부관리사무소 앞을 지나면서 정령치까지의 거리를 물어본다. 14킬로라고 한다. 남원의 육모정에서 정령치로 오르는 도로는 구례의 천은사에서 성삼재로 오르는 도로보다 더 가파른 길로, 전남북에서 가장 경사가 심한 길 중에 하나일 것이다.

이 길은 전에 차로는 수차례 와 보았지만 자전거로는 처음이다. 업힐을 할 때는 시선을 정면 멀리 보면 더 힘이 드는 법인지라, 애써 좌우의 울창한 숲을 바라본다. 안장에 실은 모든 체중의 무게중심을 최대한 앞으로 이동하고 한 바퀴, 두 바퀴 힘주어 돌리면서 한참을 그렇게 올라오니 땀으로 온몸이 흥건히 젖고, 이마에서는 구슬땀이 쉼 없이 흘러내려 눈으로 들어가고 입으로도 들어온다. 눈이 따갑고 입맛이 짜다. 업힐의 맛은 역시 이 짠맛이다.

뭔가 번뜩 머리를 스친다. 그렇다, 업힐을 할 때 땀이 눈으로 흐르는 것을 방지하는, 잔차맨들의 여름철 필수 용품 중 하나가 이마에 두르는 밴드 Sweat Gurte인데 그것을 좀 전에 육모정계곡에서 세수를 하면서 두고 온 것이다. 지난 3년 동안 잘 가지고 다녔고, 정도 들었는데 그냥 버리고 갈 수가 없다. 하는 수 없이 힘들게 올라왔던 길을 다시 내려간다.

한 번 갔던 길을 내려와 다시 올라가는 길은 페달이 더 무겁고 힘들다. 자전거를 타다가 길을 잘못 들어, 왔던 길을 되돌아가는 것만큼은 잔차맨 모두가 피하고 싶어 하는 일이다. 그런데 그 자리에 이미 없다. 아쉬움을 달래며 돌아선다.

도중에, 칠월 칠석날 선녀들이 내려와 목욕하고 갔다는 전설을 가지고 있는 '선유폭포仙遊瀑布'를 만난다. 도로에서 조금 떨어진 울창한 숲 속 계곡에 위치한 아담한 폭포이다. 폭포 아래 그늘진 계곡에는 맑고 깨끗한 하얀 폭포수가 콸콸 소리를 내며 힘차게 흐르고 있다. 잠시 물소리에 귀 기울이며 눈을 감아 본다.

드디어 마지막 구비를 돌아 정령치에 오르니 벌써 6시 30분, 30분 후면 해가 진다. 본디 정령치는 해발 1,175미터로, 노고단에서 반야봉을 거쳐 천왕봉에 이르는 지리산 종주 준봉들을 한눈에 바라볼 수 있는 곳이다. 그러나 오늘은 전망할 시간이 없다.

마음이 바빠졌다. 여기서 5킬로 정도 다운힐을 하고, 다시 4킬로 정도를 업힐해야 성삼재에 이른다. 성삼재에서 천은사까지는 12킬로이다. 페달링이 바빠진다. 페달을 서둘러 돌리고 돌려도 성삼재는 가까워지지 않고, 주변에 어둠이 내려앉아 점점 캄캄해진다.

이렇게 늦어질 줄 모르고 오늘은 정면을 환히 비추는 앞 라이트를 준비하지 않았다. 후미 깜박이 등만을 달고 있을 뿐이다. 깜박이 등을 앞 핸들바로 고쳐 달고 성삼재를 향해 부지런히 올라간다. 다리 에너지가 모두 빠져 나가 더 이상 페달링이 어려울 지경이 되어서야 간신히 성삼재에 도착한다. 땀이 비 오듯 흐른다. 5분여 정도를 큰 대자(大)로 누워 캄캄한 밤하늘에 금방이라도 쏟아져 내릴 것 같은 수많은 별들을 바라보면서 호흡을 가다듬는다.

천은사까지는 12킬로를 내려가야 간다. 가파르고 커브가 많아 주간에도 천천히 조심해야 하는 다운힐 코스다. 캄캄한 어둠 속에 후미 등만을 깜박이면서 두 눈을 크게 뜨고 희미하게 보이는 도로의 중앙선과 가장자리의 백선을 시야의 기준으로 삼고 브레이크에 손가락을 고정한 채 조심조심 내려간다.

그런데 갑자기 쿵! 쿵! 하고 도로 가장자리에 설치된 철망을 흔드는 소리가 들린다. 등골이 오싹해진다. 틀림없는 멧돼지이다. 저 녀석이 뛰쳐나오면 어떻게 하지? 식은땀이 등골을 타고 주룩 흐른다. 브레이크를 잡은 팔목이 아프고 물도 마시고 싶지만 멈출 수가 없다. 그렇게 반시간 정도를 내려오니 '도계암'이 나온다. 겨우 한숨을 돌리고 잔차에서 내려선다. 팔과 허리가 아프다.

이렇게 해서 천은사 주차장으로 원위치 하고 나니 저녁 8시가 지났다. 오늘의 총 라이딩 거리는 70.5킬로, 전체 라이딩 소요 시간은 8시간 30분 정도였다. 새로운 코스에 대한 도전의 즐거움은 있었지만, 대단히 피곤한 라이딩이었다. 앞으로 오늘의 코스를 다시 올 날이 과연 있을 것인지 의문이다. 쉽지 않을 것이다.

남해 금산과
여름 바다

∞∞∞∞∞∞∞∞∞∞∞∞∞∞

여름방학을 맞아 첫 '홀로 라이딩'을 남해南海로 가기로 하였다.

자동차에 부운浮雲을 싣고 남해읍에 도착하니 오후 3시이다. 곧바로 금산錦山의 보리암菩提庵으로 간다. 보리암까지 약 5킬로를 남겨 놓은 지점에 주차를 하고, 잔차에 올라 신록이 우거진 숲길을 바다내음 물씬한 바람을 들이마시면서 경쾌한 페달링으로 오른다. 약 2킬로쯤 왔을까 매표소가 나온다.

여기서부터 보리암까지는 자전거 출입금지라 한다. 가파른 시멘트 길을 걸어서 가든지, 아니면 1킬로 전방의 주차장까지 자동차로 가서 나머지 1킬로는 걸어가야 한다고 한다. 예기치 못한 일이다.

나중에 알게 된 일이지만 금산은 '한려해상 국립공원' 지역 내에 있었다. 한려해상 국립공원은 1968년 지정되었으며 경남의 거제도에서, 통영, 사천, 하동, 남해, 여수에 이르는 넓은 남쪽바다와 많은 섬들, 그리고 내륙의 산으로는 이곳 금산이 유일하게 포함되어 있는 아름다

금산 안내도

운 다도해 국립공원이다. 국립공원은 당연히 자전거 반입이 금지다.

　자동차는 산 아래 주차해 두고 왔고, 자전거 보관을 맡길 마땅한 곳도 보이지 않는다. 그렇다면 보리암 견학은 내일로 미루고, 오늘은 산아래 하얀 포말을 일으키며 일렁이고 있는 바다를 따라가며 달려야 할 것 같다. 현재 시간 오후 4시, 한낮의 더위가 최고점을 찍고 내려오는 이 시간은 라이딩하기에 최적의 순간이다. 해안으로 내달려간다.

　상큼한 바다내음이 콧등을 스치고 파란 바다가 두 손을 벌려 반겨준다. 푸른 파도가 바람에 밀려오는 드넓은 바다를 좌측에 두고 해안을 따라 한참을 달려가니 '미국마을^{Aamerican village}'이 나온다. 노후를 모국에서 보내길 희망한 재미교포들의 정착촌으로, 22가구의 미국풍 고급주택과 펜션이 '가천 다랑이마을'로 가는 길에 예쁘게 지어져 있다. 남해의 해안가에는 많은 펜션이 있다. 예전에 왔을 때는 이 정도는 아니었는데, 지금은 제주도 못지않게 많아졌다. 혹시 섬 본래의 모습이 훼손되지 않을까 염려가 되기도 한다. 그러나 여기서 직접 살고 있는 사람들의 삶을, 내 취향의 잣대로 재고 탓할 수는 없지 않은가.

한참을 달려오다 보니 가천 다랑이마을이 가까워졌다. 마을로 가려면 눈앞에 보이는 경사진 오르막길을 올라야 한다. 시간을 본다. 자동차를 주차한 곳으로 다시 돌아가려면 다랑이마을 구경은 나중 기회로 미룰 수밖에 없다. 대신에 돌아가는 길이 여유롭다. 바닷가 어촌마을을 기웃거리면서 서두르지 않고 천천히 자전거 위에서 구경한다.

휴가철을 코앞에 두고 손님 맞을 준비로 백사장의 청소와 부대시설의 보수 점검 등으로 한창 분주한 '월평해수욕장'을 둘러본 후, 바다를 향해 길게 뻗어나간 선착장을 발견하고 그곳으로 달려간다. 선착장에 앉아 있으니 마치 바다 한가운데 떠 있는 기분이 들 정도로 선착장은 바다 깊숙이 들어와 있다.

누가 손을 흔든다. 엉겁결에 나도 손을 들어 답례를 하고 보니 외국인이다. 동남아의 어느 나라에서 온 사내다. 그물을 손질하는 그의 곁에는 또 다른 동료가 있다. 아, 이제는 이들이 우리 내 어촌마을 일손을 대신하고 있다. 이들이 없으면 어촌의 힘든 일을 할 사람을 찾기가 쉽지 않다. 저 멀리 점이 된 섬들을 세어 보기도 하고, 발아래 부딪혀

월평마을 가까이의 선착장

부서지는 파도를 무심코 바라보기도 하면서 잠시 이런저런 상념에 젖어 본다.

해가 금산에 가려 사위가 어두워질 무렵, 낮에 주차해둔 곳으로 돌아와 잔차를 차에 싣고 남해 읍내로 들어간다. 읍내 한복판에 위치한 여관에서 오늘밤 잠을 청하기로 한다. 샤워를 마치고 저녁을 먹기 위해 거리에 식당을 찾아 나섰지만, 혼자서 먹을 적당한 음식을 찾지 못하고 결국은 통닭 반 마리와 맥주를 사들고 돌아왔다. 이것들을 먹으면서 새벽에 있을 '월드컵 나이지리아전'을 응원해야겠다고 생각하였다.

잠시 눈을 붙이고 일어나니 벌써 축구가 시작되었다. 결과는 2대2 무승부로 한국은 대망의 16강에 진출하였다. 전국이 축구 열기로 밤을 지새울 것 같다.

다시 잠이 들어 아침에 깨어나 보니 오전 9시다.

서둘러 준비를 하고 보리암으로 향한다. 주차장 이용비가 4천원이나 된다. 그런데 보리암 입구에서 다시 사찰 관람료로 1천원을 또 받는다. 좀 비싸다는 생각이 든다. 국립공원인데 왜 이리 비쌀까, 국립공원이라서 비싼 건가.

보리암은 원효대사가 창건하였다고 한다. 이성계가 조선을 건국하기 전 이곳에서 백일기도를 하고 조선왕조를 연 것에 감사하는 뜻에서, 이 절을 왕실의 원당으로 삼기도 하였다. 그리고 이곳은 강원도 낙산사의 홍련암, 강화군 보문사 등과 함께 한국 3대 관세음보살 성지로 꼽힌다.

금산의 정상에 오르니 사방이 탁 트여 가슴이 활짝 열리고, 산 아래 비취빛 바다와 '은모래 해수욕장' 백사장이 한 폭의 그림이 되어 눈 안에 들어온다. 잠시 등산로를 걸어서 보리암으로 들어간다.

난 전부터 원효대사는 남다른 모험심을 가지고 계셨던 분이라고 생각하고 있었다. 그도 그럴 것이 전망 좋고, 신비스런 곳을 찾아내 암자를 지으셨고, 그곳에서 수도에 정진하셨다. 구례의 사성암四聖庵, 여수의 향일암向日庵, 그리고 이곳 보리암도 원효대사와 관련이 있고 암

금산 정상 부근의 기암

금산에서 내려다본 정경

자들의 분위기가 왠지 서로 닮았다. 그 외에도 전국에는 원효대사가 터를 잡은, 내가 가 보지 못한 암자가 많으리라 생각한다.

보리암에서 꼭 마음에 새겨 두어야겠다고 생각한 글을 보았다. "벙어리처럼 침묵하고, 왕처럼 말하고 행동하라"는 글이다. 그렇다, 가능한 말은 적게 하고 말을 해야 할 때면 왕처럼 폭 넓게 생각하고 위엄 있게 언행을 하는 습관을 들여야겠다.

보리암을 견학하고 나니 정오가 조금 지났다.

어제, 광주 집을 나설 때만 해도 이번 여행 일정을 적어도 2박 3일로 잡았다. 남해 다음에는 창선대교를 건너 거제도까지 가 볼 생각이었다. 그런데 막상 와 보니 이글거리는 뙤약볕에 라이딩할 엄두가 나질 않는다. 집으로 돌아가자. 요즘은 왠지 집을 떠나 하루가 지나면 돌아가고 싶어진다. 이틀 이상을 혼자서 행동하면 외로움을 타는 것 같다.

광주를 향해서 출발한다. 19번 국도를 따라 하동을 지나 남해대교 옆 화개장터에 도착하여 잠시 휴식을 취한다. 그런데 화개장터에서 쌍계사를 지나 칠불사로 가는 벚나무 터널그늘이 자전거를 유혹한다. 차에서 자전거를 내린다. 결국 이곳에서 두 시간 정도 라이딩을 더 하고 광주로 향한다.

1박 2일, 잠깐의 일상탈출이었고 즐거운 여행이었다.

진도 조도
가족 휴가

◇◇◇◇◇◇◇◇◇◇◇◇◇◇◇

　　　　지난해에는 전남 완도의 청산도로 여름휴가를 가서 그곳의 순수한 인심과 아름다운 경치에 대만족을 하고 왔다. 그래서 금년에는 푸른 바다와 다도해의 경치로 유명한 진도의 조도鳥島를 여름 휴가지로 일찍이 점찍어 놓았다.

　7월 말 아이들이 방학을 하자마자 본격적인 바캉스 시즌이 시작되기 한발 앞선 타이밍에 출발을 하였던 까닭에 별 어려움 없이 깨끗하고 친절한 민박집을 예약할 수 있었다. 진도의 남쪽 끝에 위치한 팽목항에서도 기다림 없이 자동차를 곧장 배에 싣고 조도의 어류포항에 도착하였다. 도착하자마자 선착장 가까이에 예약한 여관에 여장을 풀고 자동차 캐리어에서 다섯 대의 자전거를 내린다.

　조도는 상조도와 하조도의 두 섬이 조도대교로 연결되어 있다. 하조도에는 지금으로부터 100년 전인 1909년 2월에 불을 밝힌 아름다운

'하조도 등대'가 있다. 어류포항에서 약 5킬로 해안을 따라 아직은 비포장 흙길로 자전거를 타고 가기에 딱 좋은 그런 길이다. 한 여름 태양빛 아래 금방 땀으로 목욕한 듯했지만, 하조도 등대 길은 즐겁기만 하다. 아이들은 신이 나 서로 선두 다툼을 하면서 아빠 엄마를 앞질러 멀리 사라진다.

하조도 등대는 소문대로 멋지다.

산이 길게 뻗어 나와 바다와 만나면서 절벽을 이룬 곳, 그 아래 그림같이 예쁜 등대가 밤이면 불을 밝혀 뱃길을 인도한다. 밀려오는 파도 위로 갈매기가 날아드는 동화 속의 등대가 그 곳에 있었다. 아이들과 함께 바다와 등대를 배경으로 사진도 찍고 등대 위 절벽에 지어진 전망대에도 올라 본다.

돌아오는 길에는 서쪽으로 기우는 해를 바라보고 길가에 핀 야생화를 만나면 자전거를 멈추어 잠시 휴식을 취하기도 하면서 가족 모두가 모처럼 자동차 없는 호젓한 해안을 넉넉한 기분으로 라이딩을 즐겼다.

숙소에 돌아와 준비해 온 먹거리로 저녁을 직접 지어 먹고 또다시 잔차에 라이트를 달고 어류포항 우측 해변을 따라 상조도 방향으로 야간 라이딩을 나섰다. 다섯 개의 불빛을 반짝이면서 내가 맨 앞에 서고 세 아이들이 가운데 아내가 맨 후미에 따르면서 상조도와 하조도를 연결하는 조도대교까지 달려간다. 캄캄한 밤길에도 이곳이 '한국의 아름다운 길 100선'에 포함된다는 표지판이 보인다.

시원한 밤바람을 가르면서 차량이 거의 없는 섬마을 밤길을 달리는

아름다운 하조도 등대(사진의 왼쪽에 있는 원형시설이 옛 등대이다)

하조도 등대 앞에서 가족사진

기분은, 자전거를 타는 즐거움이 100개가 있다면 그중에서 손꼽아 15위 안에 들어가는 즐거움이었다. 특히 가장으로서 식구들을 데리고 함께 라이딩을 한다는 것은 잔차맨이 맛보는 커다란 기쁨 중의 하나이기도 하다. 여름 밤하늘은 별의 바다가 펼쳐지고, 바다내음 가득한 지상에서는 풀벌레의 울음 향연이 펼쳐지고 있었다. 라이딩을 마치고 돌아온 우리는 고요한 섬마을에서 달콤한 꿈나라 여행에 빠져든다.

이튿날, 아침을 먹고 '도리산 전망대'로 가기로 한다. 조도는 행정상으로는 진도군 조도면이다. 주변에는 154개의 크고 작은 섬들이 하늘에서 보면 마치 새 떼가 앉아 있는 모습을 하고 있다 하여 조도鳥島라는 지명이 붙여졌다 한다. 점점이 펼쳐진 다도해의 섬들을 한눈에 바라볼 수 있는 데가 상조도의 도리산 전망대이다.

오래전 영국 해군함장(1816년 라이러 호 함장 바실홀)은 중국을 가는 길에 이곳에 올라 점점이 뜬 앞바다의 섬들이 이루는 절경을 보고 "세상의 극치"라고 그의 여행기에 표현하였다고 한다.

전망대를 오르는 길은 전에 가 본 경험에 의하면 아이들이 자전거로 오르기에는 너무 가파른 시멘트 임도이다. 그래서 자전거는 처음부터 숙소에 두고 자동차로 이동하였다. 그러나 전망대 정상에 도착하니 짙은 안개가 시야를 가린다. 아쉽게도 흰 새 떼 같은 섬들의 모습을 아이들에게 보여 주지 못하고 안내도에 설명된 글로 대신하였다.

숙소로 돌아와 자동차를 주차하고 모두가 자신의 애마에 오를 준비를 한다. 하늘 높이 떠오른 한 여름의 태양은 구름 없는 하늘에서 이글이글 타고 있다. 더위가 염려된다. 그래도 모두가 헬멧을 고쳐 쓰고

'한국의 아름다운 길 100선'에 포함된 조도대교

각자의 잔차에 올라 힘찬 페달링으로 점검을 마친다. '출발' 소리와 함께 다섯 사람은 대오를 갖추고 하조도 해안 라이딩에 나선다(조도에는 해안을 따라 섬 전체를 돌아보는 완전한 일주도로는 없다).

어류포항에서 우측 시계 반대 방향으로 달려 나간다. 어젯밤 야간 라이딩 때와는 반대 방향이다. 해를 마주보고 나아가니 태양빛이 더욱 강렬하다. 멈추어 설 때마다 물을 마신다.

해안 길도 지나고 농로 길도 지나며, 고갯길도 오른다. 모두가 땀을 뻘뻘 흘리고 헉헉대는 숨소리가 점점 커진다.

한참을 말없이 고갯길을 오르던 초등학교 2학년 막둥이가 마침내 멈춰 선다. 자전거에서 내리더니 "더워서 자전거 못 타겠다."라고 한마디 한다. 덥고 답답해서 헬멧만이라도 벗겠다고 한다. 하지만 안전을 위해서 허락하지 않자 더 이상 떼를 쓰지 않고 다시 헬멧을 고쳐 쓰더

조도 해안도로

뙤약볕에 힘들어하는 막내

니 안장에 오른다. 기특하고 고맙다.

그런데 이번에는 물이 다 떨어졌다. 다섯 사람 모두 수통에 가득 넣어 온 물이 말라 버렸다. 아이들이 물을 마시고 싶다고 아우성이었지만 그로부터 한참을 가서야 민가를 만날 수 있었다. 물을 보충하고 다시 뙤약볕이 이글거리는 아스팔트 오르막길을 토끼와 경주에 나선 거북이 마냥 땀을 뻘뻘 흘리면서 쉬지 않고 올라간다.

숙소를 출발하여 약 15킬로 정도를 왔을까 마지막 고개를 넘어서니 오늘의 목적지인 신전해수욕장이 파란 바다에 밀려와 하얗게 펼쳐져 있다. 하조도의 남동쪽 산기슭 작은 마을 앞에 위치한 작고 예쁜 해수욕장이다. 큰 아이가 "해녀다!" 하고 소리친다. 아이의 손끝을 바라보니 해수욕장 오른편 까만 갯바위들이 있는 지점에서 두 분의 해녀가 자맥질을 하고 있다.

이곳에서 해녀를 만나게 되다니 반갑다. 해녀 하면 보통 제주도를 연상하는데 남해 바다에도 해녀는 있다. 그리고 보니 예전에 갔던 청산도에도 해녀가 있었다.

아이들은 곧장 물속으로 뛰어든다. 금년도 첫 해수욕이라 신들이 났다. 한참을 물속에서 놀더니 배가 고프다고 나온다. 해수욕장 간이식당으로 간다. 모두가 컵라면으로 요기를 했는데, 정말 맛있다고 흡족해한다. 그래서 "시장이 반찬"이라고 하는 모양이다.

오후 4시가 지나니 아이들이 바닷물이 차갑다고 밖으로 나온다. 아직 7월이라 물속에 오래 있으면 춥게 느껴진다. 이곳으로 오면서 흘렸던 땀과 뜨겁게 달궈져 이글대던 아스팔트가 떠오른다. 내일 다시 오기로 하고 해수욕장을 나선다. 읍구마을까지 되돌아 와서 우측 언덕을 올라 창리마을을 지나서 숙소가 있는 어류포항으로 돌아왔다. 오늘 라이딩은 아이들에게는 조금 벅차고 힘들었지 않았나 싶었다.

저녁을 먹고 나자 아이들은 숙소에서 텔레비전 어린이 프로그램에 빠져든다. 나와 아내는 야간 라이딩을 나선다. 어제 밤에 갔던 조도대교로 향한다. 바닷가 밤바람이 여름밤의 더위를 충분히 식혀준다. 다리에 도착하니 다리 아래 밤낚시를 즐기는 사람들과 가족 단위의 피서객들이 여기저기 모여 앉아 이야기꽃을 피우고 있었다. 아내와 나도 한구석 조용한 곳에 자리 잡고 캄캄한 밤하늘의 수많은 별들을 세어 보았다.

삼일 째, 오늘은 아이들의 요구대로 자전거를 숙소에 둔 채 승용차로 어제 갔던 신전해수욕장으로 곧장 향한다. 해수욕장에는 토요일이어서인지 오전 이른 시간임에도 불구하고 벌써 많은 사람이 와 있었다. 정오쯤 되니 해수욕장은 만원이었다. 오늘부터 본격적인 여름휴가가 시작되기 때문일 것이다.

아이들은 물속을 들락날락한다. 물이 차가워 오랫동안 물속에 있으면 춥단다. 기온은 30도를 넘는 무더운 날씨인데, 바닷물은 아직 차갑다. 그동안의 경험에 의하면 해수욕을 하기 위해서는 8월 초쯤 되어야 비로소 바닷물 수온이 적당한 온도를 유지하게 되는 것 같다.

그래도 아이들은 마냥 즐겁고, 가라앉지 않고 물에 떠 보려고 안간힘을 다하면서 수영 연습을 한다. 가끔은 물 밖으로 나와 하얀 백사장에 앉아서 모래성 쌓기도 한다.

우리는 해수욕장에서 점심을 해결하고 숙소로 돌아와 아쉬움이 많이 남지만 집으로 돌아가 채비를 한다. 배를 타고 진도읍으로 나온 우리 가족은 진도군 의신면 돈지리 '백구마을'을 찾아간다. 돈지마을에는 마을 한복판에 '백구광장'이 조성되어 할머니와 함께 있는 백구 동상이 세워져 있다.

이야기는 1993년으로 거슬러 올라간다. 당시 의신면 돈지마을 박복만(83세) 할머니 댁에 다섯 살 먹은 진돗개 '백구'가 할머니와 둘이 살고 있었다. 백구는 중간 상인을 통해 대전까지 팔려갔다. 그런데 백구

할머니와 백구 동상 앞에서

는 할머니가 그리워 대전에서 진도까지 수백 리 머나먼 길을 장장 7개월에 걸쳐 뼈만 앙상히 남은 채로 걷고 걸어서 찾아왔던 것이다. 이사실이 알려지자 백구는 일약 충성스런 견공으로 전국적으로 유명해졌고, 그 뒤 할머니와 13살이 되도록 행복하게 지냈다고 한다. 아이들은 백구의 이야기를 들으면서 좋아했고, 백구 동상 앞에서 몇 번이고 기념사진을 찍으면서 즐거워하였다.

저녁 9시가 넘어서 우리는 광주의 집으로 돌아왔다. 이렇게 하여 금년의 가족 여름휴가는 무사히 끝이 났다. 그러나 여름방학이 이제 막 시작되었으니 방학이 끝날 때까지는 한두 차례 가족이 함께 움직일 기회가 더 있으리라 생각한다.

대전
계족산

전부터 대전 계족산鷄足山을 한번 가야겠다고 생각하고 있었다. 대전시와 대청호 사이에 위치한 계족산은 '닭의 다리'의 형상을 하고 있는 산이라는 의미이다. 산 중턱을 감고 도는 약 40킬로의 비포장 임도는 대전 시민들이 쉽게 찾을 수 있는 산책로이고, 자전거를 타고 가기에도 안성맞춤이다. 산 정상에는 백제시대의 고성인 계족산성이 복원되어 있다고 하니 오늘의 최종 목적지는 산성이 되겠다.

금년의 추석은 연휴가 다른 해보다 길어서 좋다. 그래서 9월 20일, 추석맞이 라이딩을 계족산으로 정하였다. 아침부터 내린 비가 멈추길 기다리다 보니 출발이 늦어져 11시가 다 되어 집을 나선다. 호남고속도로를 달려 두 시간 후 대전의 유성IC를 빠져나와 '용화사'를 찾아간다. 내비게이션이 참 편리하다.

용화사에 주차하고, 절 입구 바로 왼쪽으로 나 있는 임도로 찾아든다. 작은 자갈이 깔린 길은 자전거를 타기에 적당하고, 길 좌우로 키 큰 나무들이 그늘터널을 만들어 주는 참 멋진 임도이다. 오전 중 비가 많이 내려 길은 젖어 있고 산에는 안개가 짙게 깔려 먼 곳이 보이지 않지만 나뭇가지 사이사이로 언뜻언뜻 보이는 대전시가지가 산 바로 아래 있음을 알 수 있다.

비가 왔고 명절 전이어서 그런지 등산객은 그리 많지 않다. 얼마를 갔을까 산 중턱에 아담하게 자리 잡은 작은 절 '연화사'가 나온다. 연화사 오른쪽으로 가파른 시멘트 길을 올라 왼쪽으로 길게 나 있는 임도를 따라가니 '숲길 삼거리'가 나오고 쉼터가 마련되어 있다. 이곳에서 다시 왼쪽으로 황토가 깔린 포근한 임도 길을 가면 계족산성으로 가는 등산로가 있는 또 다른 삼거리 쉼터를 만난다.

계족산 산책로

삼거리에서 계족산성으로 오르는 돌길

이곳에서 정상의 계족산성까지 0.7킬로라고 되어 있다. 초입은 가파른 계단이라 잔차를 어깨에 멘다. 맞은편에서 내려오는 등산객이 있다. 처음으로 등산객을 만나니 반가워 먼저 인사를 건넨다. 정상으로 가는 길의 상태를 물으니 자전거를 탈 수는 없지만 이 길이 정상으로 오르는 가장 짧은 코스라 답한다. 나는 아침에 안내 책자를 읽으면서 잔차를 타고도 정상으로 가고 올 수 있는 임도가 있는 줄 알았는데 그런 길은 없고 등산로뿐이라고 한다.

잔차를 메고 업고 끌면서 30여 분을 올라가니 해발 431미터 높이의 그다지 높지 않은 산 정상이다. 정상에는 길이 1,650미터, 높이 7미터의 돌로 쌓은 계족산성이 복원되어 있다. 6세기 삼국시대 백제의 산성으로 나중에 백제 부흥군과 신라의 김유신 장군 부대가 싸운 기록이 전해지고 있다고 한다. 정상에서 사방을 내려다 볼 수 있다 하였는데 오늘은 아쉽게도 안개가 짙어 시가지와 대청호의 전경은 볼 수가 없다.

안개 속에 초목이 길게 자란 정상부근을 이리저리 다녀 보면서 성터를 둘러보고 내려가는 길을 찾아본다. 안개로 인해 길을 찾지 못한다. 아침에 나서면서 안내 책자를 집에 두고 와서 머리에 남아 있는 기억을 가지고 길을 찾는다. 다행히 임도의 쉼터에서 카메라에 담은 안내도가 있어 도움이 되었다. 등산객을 다시 만나 길을 확인하고 하산하는 길의 방향을 잡는다.

등산객이 일러준 길을 따라 내려가기로 결정하고, 잔차에 오르고 내

계족산 정상에서 바라본 정경

산성에서 내려오는 길, 큰 나무들 사이로 난 오솔길은 포근하기 그지없었다.

리고를 반복하면서 약 2킬로 정도를 가니 좀 전에 올라왔던 숲길 삼거리이다. 왔던 길을 다시 달려 용화사로 가는 것은 코스가 짧아 모처럼 찾아온 계족산인데 아쉬움이 남을 것 같아서 '절 고개'를 지나 '가양 비래공원' 방향으로 길게 돌아 내려가는 길을 택하였다. 임도를 따라 한참을 즐겁게 달려가다 보니 갑자기 시가지가 나와 버렸다. 아뿔싸! 가양 비래공원에서 오른쪽 길로 가야 되는데 직진하여 시내로 잘못 내려오고 만 것이다. 신호를 기다리고, 길을 묻고, 가다 멈추고……, 조용한 산길에서 갑자기 처음 와 본 시가지로 나오니 혼란스럽다.

도중에 '동춘고택同春古宅'이 나와 구경도 하고 잠시 휴식을 취해 본다. 고택은 은진 송宋씨의 종택으로 안채와 사랑채가 있고, 앞뜰에는 동춘당同春堂이 있는데, 이 집안의 후손으로 조선 효종 때 대사헌, 이조판서, 병조판서를 지낸 동춘 송준길宋浚吉 선생이 벼슬길에서 물러나 이곳에 기거하면서 후학을 가르치고 국사國事를 논하였다고 한다. 한자로 쓴 동춘당이라는 현판은 동시대의 은진 송씨 집안의 또 다른 걸출한 유학자였던 우암 송시열宋時烈 선생의 친필로 유명하다.

동춘고택을 구경하고 출발지인 용화사 주차장으로 향하면서, 대전에서 살고 있는 오랜 친구에게 전화를 건다. 반갑게 맞이해 준 친구 부부와 저녁을 함께하고, 대청호를 드라이브 한 후, 서울에서 고향으로 내려가는 추석 귀성객 속에 묻혀 새벽 3시에야 광주로 돌아왔다.

임자도에서의
여름휴가

◇◇◇◇◇◇◇◇◇◇◇◇◇◇◇◇◇◇◇◇◇◇

내가 MTB 자전거를 타면서 우리 집에는 5 대의 자전거가 있다. 식구들 모두가 자전거를 탄다. 그러면서 최근 수년간 우리 가족의 여름휴가 보내기에도 변화의 바람이 불어왔고 하나의 패턴이 생겨났다. 우선 휴가를 갈 때는 모두의 자전거를 차에 싣고 출발한다. 휴가철의 절정기인 8월 초를 피해 남보다 조금 빨리 7월 말경에 나선다. 그리고 가능한 한 자전거를 타기에 좋은 섬으로 간다. 작년에는 진도의 조도로 갔고, 재작년에는 완도의 청산도를 다녀왔으며, 그전 해에는 군산의 선유도를 갔었다. 금년에는 전남 신안군의 임자도로 출발한다.

광주에서 약 2시간을 걸려 신안군의 지도 선착장에 도착하였다. 자동차 지붕 캐리어에 두 아들의 자전거 2대, 트렁크장착 캐리어에 나와 아내의 자전거 2대, 그리고 트렁크 안에는 딸의 폴딩 자전거가 실려 있다.

평소 가족 라이딩을 나설 때의 모습

5대의 자전거가 실려 있는 자동차를 이번에는 배에 싣고 미지의 섬 임자도로 향한다. 배는 30분도 채 걸리지 않아 임자도의 진리선착장에 도착하였다.

배에서 내린 우리는 대광해수욕장으로 가는 길목에 10여 가구의 민가가 있는 자그마한 마을을 찾아간다. 이곳에 있는 아담하고 예쁜 시골집이 3박 4일 동안 우리가족이 머물기로 한 지인知人의 집이다. 집주인의 가족들은 현재 이곳에 거주하지 않고 모두가 객지에 나가 살고 있다. 평소에는 빈집이고 때때로 가족들이 번갈아 와서 머무르다 가기도 하며, 때로는 마음씨 좋은 주인이 이번의 우리 경우처럼 알고 지내는 사람들에게 숙박비도 받지 않고 그냥 빌려주기도 한다. 고마운 분이다.

짐들을 옮겨 놓고, 점심을 맛있게 해 먹은 후 잠시 휴식시간을 갖는다. 그리고 서서히 각자의 자전거를 점검하고 라이딩 복장으로 갈아입는다. 자신의 자전거를 끌고 마을 어귀 도로로 나선다. 어제 기름칠하고 닦은 잔차가 한낮의 태양 볕에 반짝인다.

드디어 출발, 다섯 사람이 일렬로 각자의 위치를 잡고 간격을 유지하면서 달린다. 태양은 뜨겁지만 푸르른 논밭 위로 불어오는 바람은 시원하다. 마을에서 약 3킬로 거리에 위치한 대광해수욕장은 내일 해수욕을 즐기러 가기로 하고, 오늘은 곧바로 섬의 북쪽 끝 전장포 포구를 향해 달려간다. 섬 하나가 일개 면을 이루는 큰 섬이어서인지 논밭도 넓게 펼쳐져 있다. 논에는 초록빛 벼가 일렁이고 하얀빛을 띤 염전에는 바닷물이 가득 채워져 있으며 한가롭게 풀을 뜯는 염소 떼도 보인다.

섬은 모두가 평화롭고 조용하다. 섬의 내륙 안쪽은 논밭이 많아 농업이 중심이고, 섬의 바깥쪽 해안은 염전이 많으며 어선도 보인다. 본격적인 바캉스 시즌을 목전에 둔, 마치 폭풍 전야의 조용함이랄까. 만나는 사람도 많지 않고, 지나는 차도 별로 없어 한적하기 그지없다. 이런 분위기 속에 얼마를 달렸을까 길게 이어지는 오르막 고갯길 정상에 도착한다. 질마재이다. 질마재 고개 마루에서 바라보는 서쪽 하늘은 벌써 저녁노을이 붉게 물들었고, 높고 낮은 산들은 검은 그림자를 길게 드리우기 시작한다. 섬의 최북단 전장포까지는 아직 상당한 거리가 남았으나 고개를 내려가지 않고 이곳에서 돌아선다.

전장포 포구를 향해 일렬로 달려가는 모습

　돌아오는 길에 필요한 물건을 사려고 면사무소 근처의 가게에 들렀다. 그런데 가게 주인아주머니께서는 가족 휴가를 왔다는 아이들의 이야기를 듣고 타지에서 온 생면부지生面不知의 우리에게 반찬으로 먹으라면서 여러 끼니를 먹을 수 있는 상당한 양의 김치를 싸 주신다. 정말이지, 섬마을 훈훈한 인심을 온몸으로 느낀다. 아이들에게는 더없이 좋은 공부가 되었다.

　우리 모두는 감사의 마음을 가득 안고 경쾌한 페달링으로 집에 돌아와 맛있는 김치에 저녁밥을 배불리 먹는다. 방마다 모기장을 치고, 마당에는 조그만 텐트도 하나 펼쳤다. 아이들은 텐트 안을 쉼 없이 들락날락한다. 이렇게 휴가 첫날밤은 밤하늘 반짝이는 수많은 별들을 가슴에 안고 잠이 들었다.

다음날 눈을 뜨니 벌써 아침 해가 높이 올라 있었다. 아침을 먹고 아이들의 성화에 해수욕장으로 갈 준비를 서두른다. 대광해수욕장은 이름 그대로 폭이 넓고 길이는 12킬로에 걸친 긴 백사장이 펼쳐져 있다. 다음 주가 바캉스의 시작인 만큼 아직은 사람이 많지 않다.

바닷물이 조금 차갑다. 그렇다. 매년 7월 말, 이맘때의 바닷물은 아직 따뜻하지 않고 차갑다. 물속에서 놀다 보면 금방 체온이 내려가 오래 머물지 못하고 자주 백사장으로 나와 따뜻한 햇볕을 쬐어 체온을 올려 주지 않으면 안 된다. 이 점이 7월 말 조금 이른 여름휴가를 바다로 왔을 때의 애로점이기는 하다. 대신에 본격적인 휴가시즌이 시작되기 전이기 때문에 사람이 덜 붐벼서 라이딩하기에 적당하고 숙박비, 음식비 등도 비싸지 않아 좋다.

해수욕장에 도착하자마자 아이들은 바닷물로 풍덩 뛰어든다. 수십 마리 무리를 지은 갈매기들이 반갑게 날아오른다. 광활한 백사장과 수평선 저 멀리 펼쳐진 바다가 아이들의 놀이터가 되었다. 신나게 실컷 즐겁게 놀던 아이들은 한낮의 태양이 세 시 방향으로 옮겨 간 다음에야 바다에서 나온다. 이제는 집으로 돌아가 라이딩을 할 시간이다.

오늘은 어제와 반대로 섬의 남쪽을 향한다. 평지를 지나고 고개를 넘어 산비탈을 돌아서자 산자락 끝에 인적 없는 자그마한 해수욕장이 나온다. 이름도 예쁜 '은동 해수욕장'이다. 해수욕장 저편으로는 넓은 남해 바다와 이어지는 하얀 바다가 평야처럼 펼쳐져 있다.

셋째날도 그 전날과 거의 같은 패턴으로 하루를 보냈다.

4일째 정오 무렵, 3박 4일 일정을 마치고 광주로 돌아가기 위해 선착장으로 나선다. 선착장에는 이제부터 휴가를 보내려고 지도에서 임자

은동해수욕장을 뒤로하고 찍은 가족사진

도로 입도入島하는 사람들로 붐빈다. 선착장 부근에는 토산품을 파는 가게가 두세 군데 있는데 진열된 상품은 주로 새우젓과 소금이다. 그렇다. 임자도는 인접한 증도와 함께 새우와 천연소금이 전국적으로 유명하다.

　가게에 들어서니 새우젓의 종류가 다양하다. 새우가 잡히는 시기에 따라 짓갈의 이름을 달리한다. 음력 5월에 잡은 새우젓은 오젓이라 부르고, 6월에 잡은 젓은 육젓이라 한다. 그리고 7월, 8월, 가을에 잡힌 새우젓들의 이름이 각기 다르다고 한다. 그중에서도 6월의 육젓이 가장 통통하고 살이 올라 맛이 좋다고 한다. 육젓을 한 통 사들고 나오면서 주인아주머니가 일러준 대로 집에 돌아가면 고추를 썰어 넣고 그 맛을 즐길 생각을 하니 벌써 입 안 가득 군침이 돈다.

강물과 시가 어우러진
섬진강 상류
(순창 향가유원지에서 덕치초등학교까지)

그동안 섬진강(총212.3km) 중·하류 지역인 곡성의 기차마을, 구례의 오산과 사성암, 남도대교와 쌍계사, 평사리와 악양, 광양 매화마을, 그리고 하동의 송림 등은 여러 차례 라이딩을 다녔다. 어떤 곳은 수차례, 어떤 곳은 한두 차례 라이딩 또는 자동차를 이용하여 가 보았기에 상당히 익숙한 편이다. 그런데 섬진강 상류는 그렇지 못하다. 1년 전쯤 임실의 옥정호를 가 본적은 있으나, 강 상류 지역을 전체적으로 라이딩 해 본 기억은 없다.

그래서 오늘은 목적지를 섬진강 상류로 잡았다. 자동차에 부운을 싣고 88고속도로를 달려 순창IC를 통과하여 풍산면 대가리의 '향가유원지'에 도착하였다. 유원지라 하지만 부근에는 아직 주차장 시설도 없고, 자연 그대로의 모습에 가까워 좋았다.

그런데 보지 않았더라면 더 좋았을 것을 보고 말았다. 강가에 마땅한 주차공간을 찾지 못하고 향가 터널을 되돌아 나와, '대가 약수터'에 주차를 하면서 '캠핑장 조성 공사 안내표지판'을 보고 만 것이다. 안내판에는 유원지 부근에 캠핑장을 조성한다는 조감도가 그려져 있었다. 머지않아 이곳도 본래의 모습이 아니겠다는 생각이 들어 갑자기 우울해진다. 최근에 전국 방방곡곡 경치 좋다는 곳은 대부분, 무슨 개발 사업이니 무슨 조성사업이니 하여 자연 그대로의 모습을 해치고 있다. 이런 현장을 종종 보게 되면, 좀 더 심사숙고하여 개발과 정비가 진행되면 좋을 텐데 하는 생각이 들 때가 많다.

순창군 대가리의 '향가터널'(일제강점기에 기차터널로 만들어졌으나 중단되었다. 주변에는 섬진강을 건너는 다리 공사를 하다만 곳도 있다.)

출발 준비를 한창 하고 있는데, 저쪽에서 다가오는 잔차 한 대가 보인다. 여행용 패니어를 달고, 다가온 잔차의 주인은 뜻밖에도 여성 라이더였다.

"어디서 오셔서 어디로 가십니까?" 하고 물었다. 그런데 라이더는 손으로 향가유원지 방향을 가리킬 뿐 아무런 대답도 없이 유유히 지나친다. 어라, 이건 아닌데. 너무 얌전하고 부끄럼이 많아서일까? 생각하면서 신발을 고쳐 신고 어두운 향가 터널을 통과하여 강가의 유원지로 향한다.

유원지를 한 바퀴 돌아 나오는데 좀 전의 그녀와 다시 마주친다. 반가움에 안장 위에서 "어디로 가시는 길입니까?" 하고 묻는다. 그런데 이번에도 "몰라요" 하고 손사래를 치면서 그냥 웃고 지나가 버린다. 잠시 멍한 채 뒷모습만 바라본다.

잠시 후 "아, 그렇구나!" 하고 무릎을 친다. 여성 라이더는 외국인이었다. 우리말을 모르는 금발의 외국인이었던 것이다. 그래서 "몰라요."라고 대답했던 것이다.

나 또한 오랜 세월 동안 영어를 공부했지만 회화는 잘 하지 못한다. 읽기만 하면 무엇하나, 이럴 때 곧바로 한마디 이야기를 건넬 수 있었다면 좋았을 텐데 하고 아쉬워한다.

문득, 주자십회朱子十悔에 나오는 "소불근학 노후회少不勤學 老後悔(젊어서 부지런히 공부하지 않으면 나이 들어 후회한다)"라는 말이 떠오른다.

반가운 라이더를 만나 한마디 대화도 나누지 못한 아쉬움과 자기반성의 상념에서 빠져나와 다시 갈 길을 재촉한다.

좁다란 농로를 한참 달리다 강둑으로 올라선다. 시야가 트이고 뺨을 스치는 바람이 참으로 상쾌하고 시원하다. 다행히 하얀 구름이 유월의 따가운 햇살을 가리고 있다.

강 둔치에 조성된 '순창군민 체육관'이 보인다. 본 건물과 부대시설이 잘 갖추어져 있고 관리도 깨끗하다. 하루쯤 캠핑을 하면서 1박을 하기에 적당한 장소라는 생각이 든다.

유등면 소재지를 지나 적성면으로 들어선다. 강둑에는 이름 모른 노란 야생화 꽃이 바람에 흔들린다. 강가 경치 좋은 지점에 식당이 하나 보인다. 식당 앞마당에 자리한 와상臥床에는 많은 사람들이 앉아서 식사를 하고 있다. 꽤 유명한 매운탕 전문집인 모양이다. 갑자기 요기가 느껴진다. 하지만 오늘은 먼 길을 가야 하고, 시간이 없다. 대신에 행동식으로 준비해 온 삼각 김밥을 꺼내, 달리는 잔차 안장 위에서 맛있게 먹는다. 나중에 다시 온다면 꼭 한번 이곳 매운탕을 먹어 보아야겠고 생각한다.

그동안 나는 주로 섬진강의 중·하류 지역을 다녔다. 섬진강의 물줄기는 한강, 낙동강, 금강, 영산강 등 소위 4대강과는 강폭과 수량에 있어서 분명 차이가 있다. 그러나 곡성, 구례를 지나 강 하류인 광양, 하동 지역에 이르게 되면 그 모습이 달라진다. 그사이 지리산의 크고 작은 계곡물이 합쳐져서 강폭이 크게 넓어져 금강과 영산강의 모습과 비슷해진다.

그런데 오늘 보는 섬진강 상류의 모습은 사뭇 다르다. 강이라기보다는 큰 냇가처럼 느껴진다. 강둑에서 가볍게 내려서면 강물에 발을 담글 수 있고, 손에 가득 물을 담아 뺨을 씻을 수도 있는 그런 냇가다.

장구목 부근의 섬진강

섬진강 상류

강 상류에 떠 있는 나룻배가 정겹다

강변에 한가롭게 앉아 낚시를 하는 사람도 있고, 강물 속을 이리저리 걸어 다니면서 재첩을 채취하는 할머니들도 보인다.

상류로 올라갈수록 강폭도 좁아지고 강물 속이 환히 보인다. 크고 작은 바윗돌들이 투명한 물속에 제각각의 자리를 잡고 숨 쉬는 생물처럼 앉아 있다. 모두가 오랜 세월 그 자리에서 구르고 닳아서 동그란 몽돌이 되어 있다.

고개 들어 시선을 높이면 녹음이 짙어져 가는 산들이 보이고, 산과 강 사이에는 이제 막 모내기를 마친 논들이 있으며, 잔차가 가는 길가에는 하얗고 노란 야생화들이 반긴다. 두 시간 정도를 더 왔을까, 갈림길이 나타난다. 좌측 길은 차도로 산을 우회하여 돌아가는 길이고, 우측은 강가를 따라가는 숲길인데 군데군데 길이 끊기는 험로이다. 우측을 택하여 잔차를 타고 내리면서 이삼십 분을 더 가니 어은정漁隱亭과 구암정龜岩亭이 나온다.

숲길 초입에 있는 어은정의 주인은 조선조 선조 때의 선비 양사형楊士衡(1547~1599)이다. 그는 과거에 합격하여 영광태수를 역임하고 임진왜란 때는 의병을 일으켰던 분이다. 어은은 그의 호이고 정자는 선생이 친구들과 시주詩酒를 즐기던 곳이라 한다.

숲길이 끝나는 지점에 자리한 구암정은, 학식은 높았지만 벼슬길에 나가지 않고 고향에서 후학을 양성하면서 지낸 양배楊培 선생을 기리기 위해 후세 사람들이 지은 정자라 한다.

숲길을 빠져나오니 섬진강 상류지역에서 경치가 아름답기로 소문

난, 장구목丈龜目, 구담, 천담, 장산, 진메, 그리고 일중마을을 차례차례로 지나게 된다.

장구목을 지나 천담 마을로 가는 길에는 〈섬진강〉으로 유명한 김용택 시인의 시가 새겨진 시비詩碑가 여럿 세워져 있다. 섬진강처럼 포근하고 정겨운 선생의 시를 읽으니 가슴이 뭉클해지고 내 고향에 대한 향수가 밀려온다. 나 또한 시인이 되는 기분으로 지금의 느낌을 적어본다.

오늘 보았네.

아랫 섬진강 위의 윗 섬진강을

하얀 돌과 하얀 꽃이 핀 흰 강을

오늘 만났네.

이 강을 누구보다 잘 아는 시인의 마음을

은빛 물결 끝에 반짝이는 내 어린 날 소망을

오늘 다시 보았네.

시비 길을 지나 잠시 더 올라가면 국도 27호가 지나는 덕치면 일중마을에 다다른다. 가게에서 아이스크림으로 더위를 식히고, 김용택 시인이 근무하였던 덕치초등학교 운동장을 한 바퀴 돌아 나온다.

그리고 왔던 길을 되돌아 서둘러 출발지인 순창을 향해 빠른 페달링으로 달린다. 오전에 출발하였던 대가리 약수터로 돌아오니 오후 7시 반이 되었다. 오늘 총 라이딩 거리는 73킬로였다.

김용택 시인의 〈섬진강1〉

육지가 그리운 흑산도,
꼭 한번 가 봐야 할 섬 홍도

예전부터 가 보고 싶었던 흑산도를 여름 방학을 맞아 이번에 다녀왔다. 흑산도 방면에는 가거도, 홍도, 비금도, 도초도 등 유명한 섬들이 많아 한 번 나서면 이 섬들을 다 돌아보고 싶은 욕심이 생길 수밖에 없다. 1박 2일로는 어렵고 더 많은 시간을 할애하여야 한다. 그래서 쉽게 일정을 짜지 못하고 번번이 훗날로 미루곤 하였지만 이번에는 흑산도와 홍도만을 가기로 작정하고 계획을 세워 실천에 옮겼다.

첫째 날

7월 20일 금요일 아침 6시, 광주 집을 나서 목포여객선터미널에 7시 조금 넘어 도착하여 주변식당에서 아침을 먹고 주차를 한 후, 7시 50분에 출항하는 페리 쾌속선에 올랐다. 해상은 상당히 짙은 안개로 먼 곳을 볼 수는 없었지만 파도는 잔잔한 편으로 멀미의 염려는 없었다. 도중에 비금도를 경유한 배는 2시간을 달려 오전 10시 흑산도 '예리항'에 도착하였다. 항구는 제법 많은 사람이 오고 가고 근처에는 식당, 여관, 민박, 호텔 등이 보였다. 우선 비교적 최근에 오픈한 여관을 숙소로 정하고, 배낭을 정리하여 약간의 행동식과 물만을 챙겨 담는다. 아직 시장기를 느끼지 못하였지만 섬 일주 도중에는 식당이 없다는 정보에 따라 근처 식당에서 곰탕 한 그릇을 든든히 먹어둔다.

드디어 부운浮雲에 올라 시계방향으로 섬 일주 라이딩을 시작한다.
출발하자마자 고갯길이다. 날씨는 흐려 강렬한 태양빛은 피하였지만 곧바로 온몸이 땀으로 범벅이 되고 만다. 두 개의 고개를 넘어 6킬로 정도 달려가자 '면암勉菴 최익현 선생 유배지' 마을인 천촌리가 나온다.

아, 마을 분이 먼저 인사를 한다. 나도 황망히 "안녕하십니까?" 하고 답례를 한다.
수년 전 청산도 가족여행 때 느꼈던 순박하고 따뜻한 섬마을 인정이 이곳에서도 느껴진다. '좋은 곳에 왔구나.' 하는 느낌이 들면서 엔도르핀이 온몸에 흐른다.

최익현 선생은 1876년 일본이 계획적으로 운양호사건을 일으키고 강화도에서 불평등한 '조일수호조약'을 체결하여, 조선을 강제로 개항케 하자 이에 온몸으로 반대하다 이곳으로 유배를 오게 되었으며 1879년까지 3년의 유배생활을 하게 되었다. 그 후 다시 조정에 나가 갑

최익현 선생의 적려謫廬(귀양살이 오두막)유허비　　정약전 선생의 사촌서당

오개혁, 갑신정변, 을사늑약 등 일제에 의한 조선 침탈에 재차 항거하여 의병을 일으켜 끊임없이 저항하였으나 결국에는 일제에 의해 쓰시마 섬(대마도對馬島)에 유배되어 그곳에서 1906년 순직하게 된다.

　참으로 강직한 선생의 애국애족정신에 절로 머리가 숙여진다. 선생의 유허비 옆에는 "기봉강산箕封江山, 홍무일월洪武日月(이 땅은 기자조선 이후 독립 국가였고, 지금은 이성계가 세운 조선시대라는 의미)"이라고 선생이 직접 쓴 글이 암벽에 새겨져 있다.

　다시 잔차에 올라 아름다운 해변을 잠시 달리다 가파른 고개를 끌바를 곁들여 넘어서니 이번에는 '손암巽庵 정약전 선생 유배지'인 사리(모래미)마을이다. 손암 선생은 정약용 선생의 형으로 신유사옥(1801

년)으로 인해 동생은 강진으로 자신은 흑산도로 유배를 왔는데 유배 생활 10년을 이곳에서 보내면서 사촌서당沙村書堂을 지어 학동을 가르 치기도 하고 흑산도 근해에서 나는 어류들을 연구 관찰한 유명한 《자 산어보玆山魚譜》(자산은 흑산도의 한자어)를 남기기도 하였다.

조선 제일의 학자인 정약용 선생과 정약전 형제는 유배기간 동안 서 로를 걱정하고 그리워하는 마음을 서찰을 통해 주고 받았다. 두 사람 의 우애는 길이길이 후대에 형제애의 귀감으로 전해질 것이다. 선생들 의 높은 덕에 옷깃을 여민다.

사촌서당을 둘러보고 마을 뒷산인 가파른 한다령(고개가 가팔라 땀을 많이 흘리는 고개[汗多嶺], 또는 한이 많은 고개[恨多嶺]라는 뜻) 을 잔차에서 내려 끌고 오른다. 한다령은 지난해까지 비포장 흙길이었 으며, 흑산도 일주도로가 건설되는 가운데 가장 나중에 포장된 길이 라고 들었다. 고개 끝자락에 올라 망망대해로 펼쳐지는 서해를 바라보 면서 저 멀리 중국이 있을 거라 생각하면서 길게 호흡을 가다듬는다.

내리막 끝에는 만灣처럼 바다가 깊숙이 들어온 지형의 가장자리에 작고도 조용한 어촌인 심리마을이 자리하고 있다. 여름날 오후 인적 도 없이 잠든 듯 조용한 작은 어촌마을을 발소리마저 낮추어 소리 없 이 통과하자 눈앞에 다시 긴 오르막이 보인다.

오른쪽으로 흑산도 최고봉인 문암산(406미터)과 깃대봉이 보이고 길게 해안을 따라가는 절벽 위에 하얀 줄처럼 닦아진 절벽길이 나 있

다. 이 길은 일명 '하늘도로'로 불리운다. 하늘도로 정상까지 오르기

상라산 정상에서 바라본 예리항

위해서는 지금까지 흘리고 온 만큼의 땀방울이 더 필요하다.

흑산도는 섬 전체가 산지이고 길은 해안을 따라 산을 오르고 내리는 고갯길이 반복된다.

일주를 하는 데는 크고 작은 고개를 일곱 개나 넘어야 한다. 오르면 그만큼 내려가고 내려가면 그만큼 오르는 길들이다. 잔차를 끌어야 할 길도 많아 체력 소모가 만만치 않다.

드디어 눈앞에 '상라산(227미터) 전망대'가 보인다. 마지막 업힐 구간이다. 오후의 햇살이 따갑다. 그렇다고 빨리 달려갈 수도 없다. 걸어가기로 한다. 잔차에서 내려 즐거운 생각들을 하면서 묵묵히 한 발 두 발 고개를 올라간다.

전망대가 있는 고개 정상에 다다르니 사방이 훤히 보이는 멋들어진 전경이 눈앞에 펼쳐진다. 전망대에 잔차를 세워두고 상라산 정상으로 잠시 걸어서 올라간다.

상라산 정상은 반드시 올라 보아야 한다.

사방에 보이는 경치가 그야말로 절경이다. 오른쪽으로 예리항과 영산도가 보이고 좌측에는 길고 긴 수평선이 끝없이 아득하며 북쪽으로는 다물도와 장도가 남쪽으로는 길게 뻗은 자태의 흑산도가 한 눈에 들어온다.

한동안 여기서 절경을 감상하고 셔터를 누르면서 시간을 보냈다. 아직 6시 30분이다. 저녁노을을 기다리기엔 시간이 아직 많이 남았다. 상라 전망대의 저녁노을은 흑산도를 찾는 사람이라면 누구나가 다 보고자 하는 아름다운 광경이지만, 기다리기에는 시간이 너무 남았다. 내려갈 수밖에. 그때 귀에 익은 노래 소리가 들려온다.

전망대에 설치된 스피커에서 애잔한 노래가 흐른다.

남몰래 서러운 세월은 가고
물결은 천 번 만 번 흘러오는데

못 견디게 그리운 아득한 저 육지를
바라보다 검게 타버린 검게 타 버린
흑산도 아가씨

한없이 외로운 달빛을 안고
흘러온 나그넨가 귀양살이인가
애타도록 보고오픈 머나면 그 서울을
그리다 검게 타버린 검게 타 버린
흑산도 아가씨

아, 이미자의 '흑산도 아가씨'이다.

참으로 애절한 노래가사다. 흑산도는 지금도 어업전진기지이지만, 60년, 70년대의 흑산도는 수많은 어선들이 드나드는 곳으로, 예리항은 유명한 파시波市(바다시장)였다. 그래서 어판장과 장터가 서고, 여관, 식당, 다방, 술집이 줄을 이었다. 많은 육지 아가씨가 들어와 살았으며, 그들 한 사람 한 사람 모두에게는 삶의 사연과 애환이 있었다.

그들의 애환을 노래한 것이 이미자의 흑산도 아가씨이다. 천 번 만 번 밀려오는 물결을 바라보며 고향을 그리워한 그녀들의 마음, 애타는 그 마음을 생각하니 가슴이 뭉클하고 왈칵 눈물이 흘러내리려 한다.

시끌벅적하였을 그 당시의 영화榮華에 비하면 지금의 예리항은 작고 초라한 모습의 어항에 지나지 않으리라. 한번 길게 심호흡을 하고 속리산 '말띠고개'를 연상케 하는 열두 구비 내리막 고개를 조심스럽게 무게중심을 안장 뒤로 밀면서 내려간다.

상라산에서 예리항으로 가는 12구비 고개 길

상라 전망대의 흑산도 아가씨 노래비

무겁던 가슴이 시원한 항구 바람에 날려간다. 예리항 여관 숙소에 도착한다.

둘째 날

오늘은 홍도 여행이다. 어젯밤, 예리항 선창가에서 오랜 세월 운영해 온 식당을 찾아 신선한 전복과 입에서 바로 녹는 자연산 광어회에 한 잔의 소주를 곁들였다. 그래서인지 몸이 무척 가볍다. 아침은 우리 매운탕으로 호사를 한다.

이곳에서 홍도로 갈 9시 50분 예정의 목포 발 쾌속선이 안개로 연착되어 10시 30분이 되어서야 도착하여 출항한다. 40분 정도를 달려 섬 전체가 천연기념물 170호로 지정된 붉은 암석의 섬, 홍도紅島에 도착한다.

첫눈에 범상치 않은 섬임을 느낀다. 잠시 섬을 걸어서 둘러본다. 고

안개 속의 홍도 선착장　　　　　　　　　유람선에서 바라본 홍도 앞바다

목이 된 동백나무와 호두나무, 풍란 등을 비롯한 온대성 식물이 여기
저기 자생하고 있다. 홍도는 자전거 길은 없고, 홍도1구, 2구 마을을
걸어서 돌아보아야 한다.

　2만 2천 원의 유람선 요금을 내고 섬을 한 바퀴 도는 해상유람이 시
작된다. 연세 지긋한 어르신의 구수한 사투리가 섞인 우렁찬 섬 안내
방송과 함께, 약 두 시간 동안 홍도 33경의 절경들을 구경한다. 남문
바위, 실금리굴, 석화굴, 부부탑, 슬픈여(일곱형제 바위), 독립문 바위
등 기암괴석과 천연 소나무분재로 둘러싸인 섬을 시간가는 줄 모르고
감상한다.

　이리하여서 홍도였구나. 연간 수십만의 관광객이 찾아오고, "이 나
라사람이면 꼭 한번 가봐야 할 섬이다."라는 이야기가 빈말이 아니었
음을 온몸으로 체감한다.

탄성을 연발한 유람을 마치고 3시 30분, 목포행 배에 몸을 싣는다. 쾌속선은 흑산도를 경유하여 6시에 목포항 터미널에 도착하였다.

섬은 본디 자전거를 타고 여행하기에는 더할 나위 없이 좋은 곳이다. 우선 차가 거의 없고, 바다와 하늘이 닿은 수평선을 바라보면서 라이딩하는 기분은 산속의 임도와는 또 다른 즐거움을 만끽할 수 있다. 이번 1박 2일 흑산도·홍도 여행은 자전거를 이용한 섬 여행의 진수를 맛볼 수 있게 해 주었고, 섬길과 산길 라이딩을 계속하게 하는 충분한 동기부여가 되었다. 그만큼 즐거운 여행이었다.

웅석봉
임도 탐방

◇◇◇◇◇◇◇◇◇◇◇◇◇◇◇◇◇◇

　　말 그대로 성하盛夏의 계절이다. 8월 초부터 시작된 유사 이래有史以來의 폭염이 계속되는 가운데 정부는 예비전력 부족을 염려하여 공공기관에 에어컨 사용을 자제해 줄 것을 요청하고 있을 정도이다. 35도를 넘나드는 수십 년만의 더위란다. 주 1회 정도 더위를 피해 근교의 축령산, 나주댐을 라이딩하기는 했지만 왠지 성에 차지 않는다. 그래서 오늘은 역시 '지리산이다'라는 생각에 지리산 둘레길과 언저리길 안내서를 들여다본다. 그리고 웅석봉熊石峰 임도를 가보기로 결정한다.

　　오랜만에 달리는 88고속도로는 휴갓길의 차량으로 붐빈다. 함양에서 산청으로 단성면 운리마을을 목적지로 내비게이션에 의존해서 출발한다. 목적지 가까이 와서 길이 좁아지고 산을 넘어간다. 제대로 가고 있는지 조바심을 내고 있을 때 청계리 마을이 나온다. 광주에서 150킬로를 왔다. '옳게 오긴 왔구나' 하고 안도하면서 청계리와 운리마을 사이에 주차를 하였다.

오후 2시가 지났다. 성불정사로 향하는 지리산 둘레길 푯말을 찾아 임도를 오른다. 뜨거운 햇살과 시멘트길이 내뿜는 열기가 보통이 아니다. 헬멧을 고쳐 쓰고 30분쯤 작열하는 태양 아래를 지나니 숲 그늘이 나타난다. 이제야 살 것 같다.

그늘진 임도를 한참을 더 올라가니 얼굴에 스치는 바람이 서늘하게 느껴진다. 체감하는 기온이 조금 전과는 사뭇 다르다. 오른쪽 청계골짜기에서 올라오는 계곡바람 때문이다. 계속되는 오르막인데도 땀이 흐르지 않는다. 산속의 시원함을 새삼 깨닫는다. 웅석봉 임도는 산의 남동쪽에서 시작하여 표고 800미터쯤 되는 임도 정상에 다다른 후, 다시 남서쪽으로 산기슭을 돌아 나오는 ∩자 형태로 길이 나 있다. 임도의 오른쪽은 계곡이고, 계곡 앞쪽에는 삼각주처럼 작은 산이 있으며 그 앞에는 저수지와 마을이 있는 형세이다.

어여쁜 한 송이 노란 야생화　　　　웅석봉 임도 초입

임도는 사진 왼쪽에서 오른쪽으로 돌아 내려온다　　　방제 작업을 한 참나무 숲

　임도를 따라 산 중턱쯤 이르니 나무 밑동을 노란 비닐이 감고 있는 모습이 자주 보인다. 고개를 갸우뚱거리면서 나무들을 유심히 살펴본다. 다른 나무들은 자연 그대로인데 참나무에만 비닐이 감겨 있다. 그렇다, 이름 하여 '참나무 시들음 병' 때문이다.

　참나무는 상수리, 도토리나무라고도 부른다. 재질이 단단한 참나무는 숯불고기를 굽는 참숯으로 유명하고, 표고버섯 또한 참나무에 구멍을 뚫어 재배한다는 것은 잘 알려진 사실이다. 어린 시절 여름철이면 이 나무에 구멍을 뚫고 사는 장수풍뎅이를 잡으려고 애썼던 추억도 있다.

　그런데 이 참나무가 말라 죽는 시들음 병이 국내에 널리 번지고 있다고 한다. 이곳 웅석봉도 임도를 따라 많은 참나무가 베어져 있고 방제 작업이 한창 이루어지고 있었다. 오늘 임도 라이딩 중에 유일하게 만났던 사람들, 길가 숲에서 작업을 하면서 인사를 건네는 나에게 좋은 운동을 한다고 응답하던 그 분들이 방제 작업을 하는 중이었다.

소나무와 아카시아나무에만 있는 줄 알았던 돌림병이 참나무에도 있다니, 많은 나무들이 죽어가고 베어져 벌채되고 있다. 그중에는 수백 년 된 고목도 포함되어 있어 안타깝기 그지없다.

산을 오르기 시작하여 2시간 정도, 임도 정상이 가까워진다. 오른쪽 건너편에는 잠시 후 내려갈 임도가 푸른 산허리를 흰 띠로 감은 듯 멀리 돌아 내려가고 있는 모습이 보인다. 왼쪽으로 웅석봉 정상도 보인다. 1.5킬로를 오르면 정상에 도달한다는 표지판이 서 있다. 정상으로 가는 길은 임도가 아니고 등산로이다. 시계를 본다. 오후 5시, 아무래도 정상을 갔다 오면 바빠질 것 같아 포기한다.

이제부터는 약 6킬로의 내리막길이다. 자갈 깔린 흙길과 시멘트길이 번갈아 이어진다. 모처럼의 MTB의 참맛을 느끼면서 안장에서 엉덩이를 들고 조심스레 다운힐을 즐겨 본다. 경치도 좋고 공기도 좋고 마음도 산 아래 뻥 뚫린 시야처럼 활짝 열린다. 임도가 끝나면서 청계리로 가는 지방도 1001번을 만나 3킬로쯤 더 다운힐을 즐긴다.

산을 내려와 청계 저수지 아래 계곡에 들어가 세수도 하고 발도 담근다. 바로 옆에 약수터가 있다. 바위틈에서 나오는 약수 물이 얼음처럼 차갑다.

오후 6시이다. 먼 곳까지 찾아온 보람을 느끼게 한 웅석봉 라이딩이었다. 돌아오는 길은 단성IC로 방향을 잡아, '남사 예담촌'을 잠시 둘러보고 저녁 9시가 다 되어 광주 집에 도착한다.

산허리를 길게 돌아 내려오는 웅석봉 임도

자은도, 암태도, 팔금도, 안좌도의 여름휴가

첫째 날

이번 여름 가족여행은 신안군의 자은도, 암태도, 팔금도, 안좌도 네 섬으로 간다.

오전 10시 광주를 출발하여 광주 무안고속도로를 달려 목포로, 압해대교를 건너 압해도의 송공항에 12시경 도착하였다. 신안군 군청은 압해도에 있다. 자전거를 실은 자동차를 철부선에 싣고 30분 정도 걸려 암태도의 오도항으로 건너간다.

철부선은 휴가차 오는 사람과 자동차로 붐볐다. 오도항에 도착하자 대부분의 사람들은 해수욕장이 있는 북쪽의 자은도로 향하고, 남쪽의 팔금도와 안좌도로 향하는 자동차는 우리 가족을 포함하여 몇 되지 않는다. 차창 밖으로 펼쳐지는 푸르른 들판에는 한창 자라난 벼, 콩, 대파가 싱그럽게 출렁인다.

한가로운 섬마을 논밭을 바라보면서 십여 분 정도를 달렸을까, 갑자기 푸르른 들판 위에 새하얀 물체들이 한여름 뜨거운 햇살을 받아 눈부시게 반짝인다. 저게 뭐지? 거리가 가까워질수록 그 형체가 분명해진다. 새의 무리가 논두렁을 따라 줄지어 앉아 있었다. "황새다, 왜가리다" 하고 뒷자리에 탄 아이들이 환호성을 지른다. 동시에 아이들 간에는 황새인지, 왜가리인지를 놓고 서로 의견이 분분하다. 결국 아빠인 내게 물어온다. 나 또한 황새인지, 왜가리인지 확실하게 답을 하지 못한다. "목에 노란 털이 있는 걸 보니 황새가 아닌가 싶다."라고 자신없이 대답할 뿐이다.

언제나 느끼는 일이지만 잔차를 타고 산과 들로 나서면, 많은 새들과 다양한 종류의 야생화 꽃들을 만난다. 그러나 이들에 대한 지식이 나는 거의 없다. 그래서 안타깝다. 더 많은 새와 꽃들을 구별할 수 있고 그 이름을 알고 있다면 라이딩이 더 신나고 재미가 있을 텐데 말이다.

두 개의 다리를 건너니 좌측에는 안좌면사무소가 있고 우측으로 안좌초등학교가 보인다. 부근에 있는 여관이 우리가 머무를 숙소다. 큰 온돌방에서 2박 하는 데 10만 원이니 휴가철 물가를 감안하면 싼 가격이다. 바캉스 철이 되면 해수욕장이 있는 북쪽의 자은도는 숙박시설 이용료가 안좌도에 비해 두 배나 비싸다고 주인아주머니께서 말씀하신다. 숙소 선택을 잘한 것 같다.

여장을 풀고 아이들의 바람대로 자은도에 있는 둔장해수욕장으로 향한다. 자은도, 암태도, 팔금도, 안좌도, 이들 네 개의 섬은 세 개의 다리로 서로 연결되어 있다. 장래에는 가까이에 위치한 비금도, 도초

도, 하의도, 상태도, 하태도, 장산도 등과도 다리로 연결되어 다이아
몬드 형태로 섬들이 이어져서 신안군의 주요 해양 관광지로 각광을
받게 될 것이라 한다. 현재 목포와 이미 연결된 압해도에서 이곳 암태
도와 연결하는 다리가 한창 공사 중이다. 머지않아 이들 섬은 배를 타
지 않고 자동차로 오고 가는 지역이 된다고 하니 섬 주민들의 생활은
편리해지고 지금과는 다른 생활패턴이 만들어질 것이다. 주민의 편리
와 관광산업의 활성화를 위해선 필요한 부분이겠으나, 한편으로는 왠
지 아쉬워진다.

둔장해수욕장에는 많은 사람이 와 있었다. 그러나 오후 시간이 썰
물이어서 해수욕장의 모래는 모두 물 밖으로 나와 있고, 바닷물은 갯
벌이 있는 곳까지 가야 만난다. 갯벌로 인해 물은 맑지 않았지만 그래
도 아이들은 마냥 즐겁게 헤엄치고 자맥질을 하기 시작한다. 서쪽으
로 기울어 가는 태양빛에 빨간 노을이 하얀 구름 사이로 아름답게 펼
쳐져 있다.

금년 들어 처음 바닷물에 들어간 아이들은 신이 나서 물놀이에 열
중이다. 작년에 잠시 수영을 배운 막둥이가 누나와 형의 수영 실력을
따라잡고 싶은 욕심에 열심히 헤엄치면서 좀 더 먼 거리까지 나아가려
고 부지런히 자맥질을 한다. 그 모습이 기특하다. 한창 자맥질을 하던
아이들이 발끝에 무언가가 닿는다면서 건져 올린다. 조개였다. 발끝으
로 갯벌 속을 더듬으니 크고 작은 소라와 명주고동이 나온다. 이번에
는 가족 모두 다 조개 찾기에 열중한다. 아이들과 함께 갯벌 속을 밟

고 헤집던 내 발끝에 무언가 밟힌다. 큰 아들이 잠수하여 내 발끝 아래를 더듬어 꺼내 나온다. 언뜻 보기에 말미잘처럼 생긴 커다란 조개가 손에 들려 있다. 모두가 소리치면서 "이게 뭐지?" 하고 놀란다. 거대한 '명주조개'였다. 조개속살이 부채처럼 펼쳐져 나와 마치 말미잘처럼 보였던 것이다. 갯벌 속에 달라붙어 잘 떨어지지 않았다고 한다. 이렇게 거대한 명주조개를 아직까지 본 적이 없다.

한동안 우리 가족은 명주조개를 어찌할 것인가를 논의한다. "소라는 숙소로 가져가 아빠의 안줏감으로 하더라도 이 큰 명주조개는 용왕님과 분명 관계가 있을 것 같으니 살려주자."라는 막둥이의 말에 모두 찬성하고 바다로 돌려보내기로 결정한다. 우리는 명주조개를 둘러싸고 우리 가족의 건강과 행운을 부탁한다는 엄숙한 세레머니를 거행한 후, 바닷속 깊은 곳으로 돌아가 다시는 사람들에게 붙들리지 말고 오래오래 잘 살기 바란다는 당부의 말을 한마디씩 하면서 바다로 방생한다. 가족 모두에게 잊혀지지 않는 즐거운 추억거리가 될 것 같다.

둘째 날

해가 높이 떠오른 다음에야 늦은 기상을 한다. 어젯밤 마트에서 사온 찬거리로 여관방에 모두가 둘러앉아 아침을 맛있게 먹었다. 식사를 마치고 아이들의 성화에 못 이겨 곧바로 오늘은 자은도의 백길해수욕장으로 향한다. 벌써 주차장은 만원이다. 커다란 소나무 그늘 아래 자리를 정하고 아이들과 함께 바닷물로 들어간다. 어제 갔던 둔장해수욕장과 비슷한 규모의 해변은 유난히 하얀 모래로 반짝인다. 3킬로 정도의 모래밭을 걷기도 하고 물고기 비늘처럼 반짝이는 바닷속으로 뛰어들기도 하면서 아이들과 놀다 보니 금방 오후가 되었다. 점심은 해수욕장의 식당에서 라면과 닭 요리로 해결을 하였다.

한여름 따가운 햇살이 조금 수그러든 4시 무렵, 해수욕장에서 더 놀려는 아이들을 달래어 숙소로 돌아온다. 잠시 휴식을 갖고 난 후, 이번에는 안좌도 해안을 따라 자전거를 타기 시작한다. 섬의 남서쪽으로 박지도와 반월도가 있는데 나무 데크로 다리가 만들어져 연결되어 있다. 이름하여 '천사의 다리'이다. 목교 아래는 바닷물이 큰 파도 없이 잔잔하게 일렁이고 얕은 물속 바닥은 갯벌이 가득하여 회색빛을 띠고 있다. 아이들을 앞장세우고 바다내음 가득한 바람을 맞으면서 반월도로 건너간다.

반월도에는 일주도로는 없는 듯, 다리를 건너 섬 왼쪽으로 가니 수십 가옥 정도의 작고 평화로운 어촌마을이 나온다. 마을 어귀에는 섬의 오랜 역사를 말해 주는 커다란 팽나무 세 그루가 서 있다. 주변은 돌담으로 울타리가 만들어져 있고 제단으로 사용된 흔적이 보인다. 예전에는 마을사람들이 모여 풍어와 안전을 기원하는 장소였던 것 같다. 이와 같은 제단을 규모는 다르지만 과거에 제주도와 흑산도에서도 본 적이 있다.

나무 그늘에 앉아 검푸른 바다 위로 갈매기만 날고 있는 인적 없는 바다를 바라본다. 그냥 그렇게 오래도록 앉아 있고 싶은 그런 곳이었다. 한참을 그렇게 바다를 바라보고 있다가 다시 목교를 건너 반월도에서 되돌아 나온다.

　숙소로 돌아오는 길은 큰 길보다는 그 옆의 논밭을 연결하는 농로 길을 이용하여 구릉 지형의 논밭 사이를 오르고 내리면서 일부러 멀리 돌아서 왔다.

셋째 날

　　　　　　　　안좌도는 한국 근현대 미술의 추상화, 반추상화에 큰 족적을 남긴 김환기 화백의 고향으로 유명하다. 한국의 피카소라고 불리는 김환기 화백은 바다, 달, 항아리, 새, 매화, 사슴, 여인들을 즐겨 그렸다. 안좌 면소재지인 읍동마을, 전망 좋은 언덕배기에 선생의 기와집 생가가 위치하고 있다. 백두산에서 가져온 소나무로 지은 집이라 한다. 'ㄱ자형 한옥' 기와집으로 곳간, 작은방, 대청마루, 안방, 부엌을 갖추고 있으며, 뜰에서 바라보이는 앞산은 생가와 읍동마을 전체를 포근하게 감싸고 있다.

　선생은 "나는 남방의 따사로운 섬에서 나고, 섬에서 자랐다. 고향 우리 집 문간을 나서면 바다 건너 동쪽으로 목포 유달산이 보인다. 그저 꿈같은 섬이요, 꿈속 같은 내 고향이다."라고 표현하고 있듯이 누구보다도 고향에 대한 깊은 애정을 가지고 있었으며, 아름다운 고향 안좌도의 풍경은 그의 그림의 모태가 되었다. 파리와 미국에서 세계 미술의 흐름과 호흡을 같이 하면서도 '우리 것', 즉 고향과 고국의 문화를 잊지 않았다고 한다(조선일보, 2013. 3. 14. '그 섬에 가고 싶다, 다도해 기행').

아침 일찍 아이들이 아직 꿈나라에 있을 때, 아내와 난 자전거를 타고 김환기 화백의 생가를 둘러본 후, 해안 도로를 따라 자전거 산책을 나섰다. 소재지 여기저기 담벼락과 포구 주변에는 선생의 그림이 그려져 있어 더 정답게 느껴졌다. 그는 고향을 사랑하였고, 고향은 그를 자랑스럽게 생각하고 있다. 왠지 모르게 가슴이 뭉클해지면서 페달을 밟는 다리에 힘이 솟고 콧노래가 나온다. 두 시간 정도를 소요하여 섬마을 이곳저곳을 돌아본 다음 숙소로 돌아온 우리는 아이들을 재촉하여 오도항으로 나섰다. 항구에는 섬을 나서는 사람보다 이제부터 휴가를 즐기기 위해 들어오는 사람이 몇 배 더 많았다.

2박 3일의 예쁜 추억을 가슴에 담고 송공항을 뒤로한 채 광주로 향한다. 도중에 휴게소에서 저녁을 먹고 집에 오니 밤 아홉 시가 되었다.

변산반도의 마실길 해안

가을秋

제5코스
동강–수철
12.1km

수철

어천

운리

산청

덕산

위태

호

지리산 둘레길 구간별 경유지

1
주천면－내송마을(1.1km)－구룡치(2.5km)－회덕마을(2.4km)
－노치마을(1.2km)－가장마을(2.2km)－행정마을(2.2km)
－양묘장(1.7km)－운봉읍(1.4km)

2
운봉읍－서림공원(0.2km)－북천마을(0.8km)
－신기마을(1.1km)－비전마을(2km)－군화동(0.8km)
－흥부골자연휴양림(2.9km)－월평마을(1.5km)
－구인월교(0.2km)－인월안내센터(0.4km)

3
황매암 경유(20.5km)
구인월교－중군마을(2.1km)－수성대(2.9km)－배너미재(0.8km)
－장항마을(1.1km)－서진암(2.5km)－상황마을(3.5km)
－등구재(1km)－창원마을(3.1km)－금계마을(3.5km)
삼신암 경유(19.8km)
구인월교－중군마을(2.1km)－황매암갈림길(0.8km)
－수성대입구(1.1km)－수성대(0.3km)－배너미재(0.8km)
－장항마을(1.1km)－서진암(2.5km)－상황마을(3.5km)
－등구재(1km)－창원마을(3.1km)－금계마을(3.5km)

4
금계마을－의중마을(0.7km)－모전마을(용유담)(3.1km)
－세동마을(2.4km)－운서마을(3.3km)－구시락재(0.7km)
－동강마을(0.8km)
벽송사 경유
금계마을－의중마을(0.7km)－벽송사(2.1km)
－모전마을(용유담)(2.8km)－세동마을(2.3km)
－운서마을(3.3km)－구시락재(0.7km)－동강마을(0.8km)

5
동강마을－자혜교(1.2km)－산청함양 추모공원(1.5km)
－상사폭포(1.8km)－쌍재(1.7km)－산불감시초소(0.9km)
－고동재(1.4km)－ 수철마을(3.6km)

나주 다시에서의
즐거운 가족 라이딩

◇◇◇◇◇◇◇◇◇◇◇◇◇◇◇◇◇◇◇◇◇◇◇◇◇◇◇◇◇◇

한가위를 쇠고 일주일이 지난 일요일이다. 아이들의 외갓집에 왔다. 설과 추석 명절을 보내는 패턴은, 명절 당일은 고향을 가고 그 다음 주는 처가에 가는 형식이다.

늦은 아침을 먹고 출발하여 처가(전라남도 나주시 다시면)에 도착하니 점심 때가 되었다. 아내와 장인, 장모님, 아이들의 외삼촌은 점심을 먹으려 장어요릿집으로 갔고, 나와 아이들은 컵라면을 준비하고 자동차에 휴대하고 다니는 캠핑용 버너에 불을 붙인다.

"자연 속에서 음식을 먹으면 더 맛있는 것 같아요."라고, 막둥이가 제법 기특한 소리를 한다. 첫째와 둘째도 아빠를 돕는다고 소란을 피운다. 우리 네 사람은 라면 파티를 마치고 라이딩 준비에 들어간다.

각자의 자전거에 올라타고 집을 나선다. 2킬로를 가면 아내가 다녔던 초등학교가 있다. 이제는 폐교가 되어 자연 학습장이 되어 있는 운동장을 한 바퀴 돌고 나온다. 영산강 강나루에 위치한 '석관정石串亭'으로 향한다.

　도로 갓길에서 추수한 벼를 햇볕에 말리는 작업을 하는 마을 분들이 우리 일행을 보고 손을 흔들어 주신다. 나와 아이들도 큰소리로 "안녕하십니까?" 하고 인사를 한다.

　동당리 샛골나이 마을을 지나 비포장 농로로 강을 건넌다. 미니벨로를 탄 딸과 막둥이가 좁고 울퉁불퉁한 길에서 행여 넘어지지 않을까 염려도 했지만, 용케도 잘 탄다.

가을 정취 물씬 배어나는 농로길

그런데 둘째가 자꾸만 "언제 돌아갈 거예요? 어디까지 갈 생각이에요?" 하고 물으면서, 집과 점점 멀어지는 것을 걱정한다. 난, "네 자전거가 제일 새것이지 않니, 아무 말 말고 즐겁게 따라와라." 하고, 계속 앞으로 나아간다. 둘째에게는 최근에 근사한 '스캇 주니어 20'을 사주었었다.

한 시간 정도 달리고 나니 아이들이 목이 탄다고 아우성이다. 집을 나서면서 수통을 깜박 잊고 챙기지 않아 아무도 물을 갖고 있지 않았다. 마을 입구에 이르러 막둥이가 가게가 어디 있는지, 좀 전에 만난 마을 분들에게 물어보고 오겠다고 자전거를 돌린다. 평소에 부끄럼을 많이 타는 녀석이 오늘은 제법이다. 잠시 후 돌아와서 "삼거리에 가면 가게가

유머 감각이 있는 재롱둥이 막내

있다."라고 하셨단다. 2킬로쯤 앞에 가게가 있다 하니 마음이 놓인다.

전방을 향해 나와 나란히 달리던 막둥이가 "아빠, 할머니들은 귀가 잘 안 들리잖아, 그래서 좀 전에 길을 물을 때 나이 많으신 할머니에게 묻지 않고 더 젊은 할머니께 길을 물어 보았다."라고, 녀석이 또 한 번 기특한 소리를 하였다. 그동안에 많이 자랐다.

가게에 도착하여 모두가 아이스크림과 음료수로 갈증을 달래고, 생수도 챙겼다. 이제부터는 '고막원'을 향해 간다. 새로 포장된 2차선 지방도는 차량 통행도 적고 한가로우면서 평탄하다. 높고 파란 가을 하늘 아래 하얀 코스모스와 분홍 코스모스가 예쁘게 피어 있고, 하얀 억새가 바람에 너울대는 가을 길은 라이딩을 한층 신나게 해 준다. 나중에 아내와도 이 길을 달려 봐야겠다고 생각한다.

고막원에서부터 다시면 소재지까지의 약 2킬로는 목포 서울 간 국도 1호선을 잠시 달릴 수밖에 없다. 달리는 자동차를 주의하면서 조심스럽게 라이딩을 한다. 맨 뒤를 따르면서 "조심하되 자신 있게 타라."고 연달아 외친다. 주의를 주는 내 외침 때문에 오히려 긴장한 듯 굳은 자세로 페달링을 하고 있는 막둥이의 뒷모습이 안쓰럽다.

이렇게 일주를 하고 집에 도착할 즈음, "오늘 자전거만 탄 시간은 2시간 30분이고, 거리는 23킬로이며, 휴식 포함한 전체 소요 시간은 4시간 정도였다."라고 말하니, 듣고 있던 막둥이가 "아빠, 오늘이 청산도 다음으로 멀리 탔네. 그리고 청산도 일주 때는 4시간이 더 넘게 걸렸어요."라고 말한다. 용케도 기억하고 있었다. 아마도 지난여름의 청산도 가족여행이 아이들에게는 즐거운 추억으로 남아 있는 듯하다.

황산과 비전 마을에서의 역사 공부

최근에 《지리산 둘레길 언저리길》이라는 책을 구입해 읽었다. 책을 읽으면서 둘레길을 '부운'과 함께 가면 좋겠다는 생각이 들었다.

지리산 둘레길은 현재 전북 남원시 주천면에서 운봉읍까지 제1코스, 운봉에서 인월까지 제2코스, 인월에서 경남 함양군 마천면 금계까지 제3코스, 금계에서 동강까지 제4코스, 동강에서 경남 산청군 금서면 수철마을까지 제5코스가 개통되어 있다.

장차 남원시에서 함양군, 산청군, 하동군, 구례군 등, 전북, 경남, 전남의 3도와 5시군에 걸쳐 지리산 일주 둘레길이 만들어질 예정이다.[*]

결행의 날이 왔다.

---

[*] 2015년 현재, 기존의 제5코스에 이어 하동, 구례, 남원으로 연결되는 나머지 길도 개통되어 지리산을 가운데 두고 일주하는 총길이 274킬로의 둘레길이 완성되었다.

광주에서 1시간 걸려 남원의 주천면 치안센터 앞에 도착하였다. 제 1코스 출발지점 주변의 빈 공터에 주차를 하고, 길 안내를 받기 위해 건너편에 보이는 '지리산 관광센터'로 간다. 여성 안내원이 친절하게 갈 길을 일러 준다. 그런데 자전거와 나의 라이딩 복장을 찬찬히 바라보던 안내원이, "제1코스에 있는 '구룡치'고개는 경사가 험난하여 자전거로 가기에는 무리"라고 하면서, 운봉까지 도로를 이용해 우회하는 것이 좋겠다고 한다.

난 고개를 끄덕이고 일단 고맙다는 인사를 하고 돌아섰다. 하지만 어느 정도 각오는 하고 있었다. 책을 통해 구룡치까지 가는 오르막 2킬로가 상당한 험로險路라는 사실은 이미 인지하고 왔다. 아니 그래서 더 도전해 보고 싶었던 것이다. 구룡치를 오르고 나면 내리막길이 길게 이어져 땀 흘려 올라간 수고를 보상해 주리라고 나름 확신도 하고 왔다.

그래서 친절한 안내에 기어이 산길로 가겠다고는 차마 말 못하고 돌아섰지만, 갈 길은 이미 정해져 있었다.

잔차에 올라 힘찬 페달링으로 파이팅을 외친다.

도로를 따라가다 논밭 사이로 나 있는 농로를 지나니 소나무 가득한 산길로 접어든다. 길은 점점 숲 속으로 들어가고 좁아지기 시작한다. 흙계단과 돌계단이 자주 나타나 자전거에서 내리는 빈도수가 많아진다. 본격적인 등산로가 시작되면서 잔차를 끌고 어깨에 메는 횟수도 많아졌지만, 빨강, 노랑, 갈색의 가을 단풍은 갈수록 짙어지고 산속의 공기는 한층 청량해진다.

둘레길을 걷는 사람들이 꾸준히 이어진다. 삼삼오오 가족, 친구, 직장동료들끼리 함께 온 모습이다. 모두가 알록달록한 등산복마냥 밝고 환한 웃음으로 반갑게 인사를 나눈다. 자전거를 어깨에 메고 가는 나에게도 격려의 말을 잊지 않는다.

구룡치를 향해 산 중턱쯤 올라가니 막걸리와 파전을 팔고 있는 쉼터가 나온다. 아주머니께서 나를 보고 "어떻게 여기까지 자전거를 끌고 오셨어요? 참 고생 많으셨네요. 이곳까지 올라오는 임도가 노치마을 쪽에서 있기는 하는데"라고 위로의 말을 건넨다.

여기서 구룡치 정상까지는 약 1킬로 정도이다. 그러나 이곳에서부터는 길이 한층 경사지고 좁아지면서 험로로 변한다. 이제 자전거는 내 어깨에 메어 있는 시간이 더 많다. 겨우 한사람이 앞사람을 뒤따라 올라야 하는 좁은 등산로가 돌과 바위 사이를 이리저리 지난다. 자전거를 어깨가 아니라 등과 머리 위로 받쳐 들고 통과하여야 하는 지역도 몇 군데 있다. 상당한 체력이 요구된다.

지리산 둘레길이 흔히 정상과 능선을 향해 나 있는 등산로보다는 걷기 편한 길임은 틀림없지만, 모든 구간이 그렇지만은 않은 것 같다. 지리산 둘레길 중 일부 구간은 웬만한 산의 등산로보다 험난한 코스가 여러 곳 있다. 특히 이 지역은 말 그대로 아홉 마리 용들이 똬리를 틀고 있는 형상을 한 구룡치 고개이기에 노면이 거칠고 경사가 대단히 심하다.

어깨에 멘 자전거가 무겁기 그지없고, 이마에서는 쉼 없이 구슬땀이 흘러내린다. 간간이 멈춰 서서 주위를 돌아보면 아직 낙엽으로 변하지 않은 활엽수와 푸른빛 가득한 소나무들이 하늘을 가릴 만큼 울창하다. 한 발 한 발 앞으로 나아갈 때마다 색다른 모습으로 다가오는 숲 속 경치는 두 다리의 수고를 충분히 보상해 주었다.

마지막 바위지역을 조심스레 지나니 드디어 구룡치 고개 마루에 올라선다. 멀리 병풍처럼 서 있는 지리산 영봉들이 한눈에 들어오는 양지쪽에 자리를 잡고 앉아, 안장가방에서 김밥과 달걀을 꺼내 허기를 달랜다.

구룡치 고개마루 부근

이제부터는 신나는 숲 속 내리막 다운힐이다. 크고 작은 돌들이 흩어져 있고, 그 사이사이에 낙엽과 노란 솔잎이 떨어져 쌓여 있다. 소나무 숲 속을 뚫고 지나는 흙길 임도는 그야말로 산악자전거 로드road로서는 더 이상 바랄 게 없는 최적의 코스이자, MTB의 즐거움을 만끽할 수 있는 곳이었다. 눈앞에 전개되는 모든 것들에서 희열을 느낀다. 절로 콧노래가 나온다. 반대쪽에서 올라오는 젊은 대학생들 한 무리를 만난다. "정말 재미있으시겠다."라고 한마디씩 하면서 부러워한다.

한참을 내려가니 커다란 소나무 아래 돌무더기가 나타난다. '사무락다무락'이다. 사무락은 어떤 일을 바란다事望는 뜻이고, 다무락은 담벼락, 또는 돌무더기를 뜻한다고 한다. 이 길을 지난 옛사람들의 소망이 모여 다무락이 되었고, 그 위에 이제는 둘레길 탐방객의 소원이 합쳐져 돌탑의 높이는 자꾸만 올라가고 있었다.

산길을 빠져 나오니 노치마을이다. 마을회관에서 잠시 휴식을 취한 후, 곧바로 자전거에 오른다. 잠시 도로를 따라가다 다시 야산으로 접어드니 맑고 투명한 시냇물이 흐른다. 뒤돌아보니 지리산 준봉들이 나란히 서서 내 모습을 말없이 굽어보고 있는 것처럼 느껴진다.

이윽고 운봉읍에 도착한다. 운봉은 지리산 서북능선에 위치한 해발 500미터의 고원高原지역이다. 읍내 뒤편은 산철쭉으로 유명한 바래봉(1,165미터)이다. 주변의 높은 산세 때문인지 고원처럼 느껴지지 않고 흔히 보는 농촌 지역의 들판처럼 넓고 평평하다.

운봉 '람천둑길에서 바라본 지리산

지리산 둘레길 제1코스는 운봉농협사거리에서 끝나고, 여기서 인월면 소재지까지는 제2코스에 속한다. 서림공원에 도착하여 '람천'을 바라보니 강둑을 따라가는 둘레길 탐방객들의 발걸음이 더없이 경쾌하고 힘차 보인다. 나도 더 따라가고 싶어진다.

람천은 운봉읍 앞뜰을 가로질러 흐르는 평화롭기 그지없는 강물이다. 둑길을 따라 3킬로를 더 가면 눈앞에 황산이 보인다. 산 이름이 맘에 든다. 산기슭에 사당 같은 기와 건물이 자리하고 있다. 가까이 가서 보니 '황산대첩비荒山大捷碑'가 보존되어 있는 '파비각破碑閣'이다.

파비각破碑閣

비전마을의 송흥록 선생 생가

역사를 증언하고 있는 비이다. 그런데 비가 어찌된 영문인지 두 동강 난 모습으로 서 있지 않고 누워 있다. 까닭인즉 이렇다.

지금으로부터 700년 전, 고려 말 우왕 때 지금의 충청 해안 지역으로 올라온 왜구가 이곳까지 와서 노략질을 하니, 이성계가 진압군으로 출진하여 크게 물리쳤다. 이를 기념한 황산대첩비는 선조 때 세워졌는데, 일제 강점기인 1943년 조선총독부가 자신들의 부끄러운 행위를 감추려고 비를 파괴하고 글도 그 내용을 알아보지 못하게 훼손해 버렸다. 그 후 1977년 비각을 다시 세우고 파괴된 비의 조각들을 모아 지금처럼 안치하게 되었다고 한다. 그래서 파비각이라 이름 붙인 것이다. 이성계는 이곳 전투에서 대승을 거둔 후 자신의 정치적 입지를 공고히 하게 되었다 하니, 이곳에서 조선 건국의 기틀을 마련하였다고도 말할 수 있겠다. 난 지금까지 이러한 역사를 증언하는 비가 이곳에 있는지 몰랐다. 새 지식을 얻게 되어 기쁘다.

파비각을 돌아 나오니 바로 곁에 또 다른 역사를 증언하는 비전마을이 있었다. 다름 아닌 판소리 '동편제'를 집대성한 가왕歌王 송흥록(1780~1863년) 선생의 생가와, 동편제를 계승 발전시킨 국창國唱 박초월(1916~1983년) 선생이 성장한 비전 마을이다. 비전마을에서 우측으로 조금 올라가면 '국악의 성지'가 나온다. 국악의 계승 발전을 염원하여 조성한 곳으로 국악 발전에 기여한 국악선인들의 묘역이 있으며, 기념관 내부에는 우리 국악과 관련된 많은 자료와 악기 등이 전시되어 있었다.

흔히 국악의 양대 산맥을 동편제東便制와 서편제西便制로 나눈다. 동편제는 섬진강을 중심으로 동쪽에 위치한 남원, 구례, 순창에서 전수 보급되었고 그 창법이 웅장하며, 서편제는 섬진강의 서쪽인 보성, 진도, 완도, 해남 지역이 중심인데 소리가 부드럽고 애절하다.

다시 잔차에 올라 출발하기 전, 비전마을을 뒤돌아보니 마을을 둘러싸고 있는 산세가 범상치 않은 명가 터로 느껴졌다. 오후 세 시 반이 지났다. 오늘은 여기까지, 해지기 전에 아침에 출발한 주천면 소재지로 돌아가야 한다. 더 앞으로 가면 인월을 지나 경남 함양으로 향하게 되는데, 이 코스는 다음 기회로 미루기로 한다.

주천으로 돌아가는 길은 지금까지 왔던 둘레길이 아닌 도로를 이용한다. 먼저 24번 국도로 운봉까지 가고, 운봉에서 육모정 위에 위치한 고기리 마을까지는 60번 지방도를 따라 달렸다. 저녁 무렵이 되니 기온도 차갑고 체력도 상당히 떨어진 듯, 고기리까지의 오르막길은 길고 힘들다. 온몸이 땀으로 젖고 숨소리가 거칠어질 즈음 고기리에 도착한다. 이제부터는 장쾌한 다운힐 라이딩이다. 구룡계곡과 육모정을 지나 주천까지 계속되는 내리막길을 단숨에 달려 내려와 출발지로 되돌아왔다.

처음 도전한 지리산 둘레길은 역시 경치가 아름다웠고, 무엇보다도 지리산의 영봉들을 계속 바라보면서 라이딩을 할 수 있었기에 참으로 즐거웠다. 대만족이었다. 머지않아 제2, 제3, 제4, 제5코스 등도 찾게 될 것 같다.

지리산
둘레길
제2코스

밤길 같이 우거진
황매암 숲길

저번의 지리산 둘레길 제1코스 탐방에 이어 제2코스 일부 구간을 가려고 한다.

운봉읍 비전마을 '국악의 성지'에서부터 매동마을 앞까지의 둘레길을 가기 위해 88고속도로를 달려 지리산IC로 나와 인월읍에 도착하였다.

인월에서는 맛집으로 유명한 곳에서 점심으로 어탕(붕어탕)을 맛있게 먹었다. 식당은 둘레길을 걷는 많은 사람들로 문전성시를 이루고 있었다.

제주도의 올레길에서 시작된 둘레길 열풍은 전국으로 확산되어 지자체마다 지역의 특성을 살린 수많은 둘레길 코스가 차례로 생겨나고 있다. 마치 유행가처럼 퍼져나가면서 많은 사람들이 이 길들을 찾아 걷게 되면서 새로운 문화가 형성되고 있다. 예전에는 산에 간다고 하면 산의 정상을 향해 오르는 등산의 의미였다. 그러나 지금은 산 정상을 굳이 가지 않아도 되는 산길, 해안길, 강길, 농로길, 골목길 등을 따라 걸으면서 자연을 즐기는 트레킹이 또 하나의 장르로 발전하였다고 하겠다. 둘레길에서 만나는 사람 또한 다양하다. 50대와 60대의 중장년층, 20대의 젊은이, 그리고 부모님을 따라온 아이들까지 여러 연령층의 사람을 만날 수 있다.

요즘 나는 라이딩의 새 패턴으로 그동안 김밥으로 대신해 왔던 점심을, 가능한 한 찾아간 곳 주변의 맛집 음식을 즐기는 방식으로 전환하였는데, 경비는 조금 더 들지만 라이딩을 한층 즐겁게 만드는 효과가 있다. 점심을 먹은 후 곧바로 부운에 올라 운봉 비전마을로 이동한다. 잠시 마을 앞 황산荒山에 위치한 황산정荒山亭에 들르기로 한다. 국궁을 쏘는 활터가 있고, 그 옆에 자리한 황산정은 멀리는 바래봉을 바라보고 가깝게는 운봉고원 너른 들판과, 그 들판을 가로지르는 람천을 내려다보는 전망 좋은 곳에 위치하고 있다.

황산정에서 내려와 대덕리조트의 뒷산 임도로 올라간다. 임도 초입에는 작은 저수지가 있는데, 저수지 뒤쪽으로는 지리산 영봉들이 비치고, 주변은 울긋불긋 단풍이 들어 멋진 풍광을 보여 주고 있다. 산허리를 돌아가는 임도는 그다지 길지는 않지만 소나무 무성한 흙길이라 자전거와 잘 어울리는 길이다. 임도가 끝나는 지점은 '흥부골 자연휴양림'이 조성되어 있다.

인월의 대덕리조트 뒷산 저수지(멀리 지리산이 보이고, 늦가을 정취가 가득하다.)

산에서 내려오니 길은 람천(인월천)을 따라 중군마을로 향한다. 마을 뒤쪽 갈림길에서 우측으로 가면 백련사이고 좌측으로 가면 황매암인데, 황매암 방향을 선택한다. 가파르고 좁은 오르막길을 거친 호흡으로 올라가니 지나던 탐방객들이, "아저씨 대단하네요." 하고, 격려의 말을 해 준다. 더 힘을 내어 상체를 숙이고 앞바퀴를 두 손으로 힘껏 누르면서 하체를 안장 제일 앞부분으로 이동시킨 채 갈지자(之)를 그리며 올라간다.

길은 한층 가파르고 좁아져 잔차를 메고 끌고를 반복하면서 산허리를 간신히 빠져나오니 앞이 탁 트이며 밝은 햇살이 비친다. 잠시 멈춰

황매암 근처의 숲길

서서 바라보는 앞산의 경치가 과연 지리산이다. 어디서 물소리가 들리나 싶더니 숲 속의 작은 계곡 수성대水聲臺가 바로 앞에 있다.

황매암을 지나니 숲길은 더욱 짙어지고 폭은 겨우 한 사람만이 간신히 걸어갈 정도로 좁아진다. 나뭇가지 사이로 언뜻언뜻 보이는 햇살이 없다면, 해 떨어진 초저녁 밤길같이 어둡다. 한동안 그렇게 가다 보니 쉼터가 나왔다.

먼저 자리를 잡고 있던 탐방객 일행이 막걸리 한 잔을 권한다. 서울에서 이웃 친구들끼리 왔다는 5명의 젊은 여성들이다. 이들은 자전거를 타고 메고 산길을 가는 내 모습이 참 멋졌다고 하였다. 칭찬의 말을 듣고 나니 기분이 좋아지고 힘도 난다.

"칭찬은 고래도 춤을 추게 한다."라는 말을 상기하면서 기분 좋게 자전거를 메고 앞서 나아간다. 숲길을 걸으면서 생각한다. 나이가 더 들기 전에 그리고 체력이 허락할 때, 전국 방방곡곡의 강산을 자전거로 여행해야겠다고, 은퇴하고 나면 시간은 많겠지만 체력이 따라주지 않을 터이니 지금 열심히 다니는 것이 좋을 것 같다는 생각도 한다.

이후의 코스는 자전거를 어깨에 메고 올라야 하는 등산로가 계속되는 구간이 많았다. 그러나 내리막길을 만나면 안장에 올라 다운힐의 스릴을 즐겨본다. 산에서 내려오니 장항마을이 나오고, 건너편은 둘레길 제3코스의 시작점인 매동마을이다. 시간을 고려하여 오늘은 여기서 멈추고 돌아가기로 한다.

60번 지방도와 람천을 따라 인월면 소재지까지 빠른 속도로 달린다. 인월에 도착하니 해가 이미 서쪽 하늘로 기울고 보이지 않는다. 소재지를 관통하여 흐르는 강가에 세워진 '인월정引月亭'에서 어둠이 내린 지리산 봉우리 위로 이제 막 떠오른 상현달을 바라본다. 맑고 투명한 어둠 속에 빛나는 반월이 내 가슴으로 환하게 빨려 들어오는 듯하다. 이래서 인월引月이라 하였을까, 이 곳 지명의 내력을 알 듯도 하다.

광주까지 돌아가는 길이 약 100킬로. 조금 멀기는 하지만 지리산 준령을 바라보면서 맑은 계곡, 깊은 산속에서 즐거운 하루를 보냈으니 이 정도의 수고는 마땅하다는 생각이 들었다.

오늘도 지리산이 보고 싶다. 부운浮雲을 싣
고 88고속도로를 달린다. 88고속도로는 1988년 서울올림픽이 있던 해
에 개통되었다. 광주에서 대구를 잇는 편도 1차선으로 규정 속도가
시속 80킬로인 고속도로답지 않은 고속도로이다. 현재 편도 1차선을 3
차선으로 확장하는 공사가 한창 진행 중이다. 담양에서 순창까지는
양 차선 6차선으로 확장 개통되어 시원하게 달릴 수 있지만, 나머지
구간은 아직 공사 중이다. 언제나 이 길을 달릴 때면 가능한 한 추월
하지 않고 드라이브하는 기분으로 주변의 경치를 감상하면서 느긋하
게 운전하려고 마음먹는다.

지리산IC를 통해 인월면 소재지로 들어와, 60번 지방도를 달려 지
난번에 탐방이 끝났던 장항마을로 직진한다. 장항교 건너편에 주차를
하고 부운에 올라 마을 앞을 지나 매동마을로 곧장 나아간다. 매동마

을 뒷길은 숲 속으로 향하는 가파른 오르막이다. 초입에 들어서자마자 이마에 땀이 맺히고 숨이 차오른다. 한참을 오르니 평지가 나오고 쉼터가 있다. 잔차에서 내려 물을 한 모금 마시면서 휴식을 취한다.

길은 시멘트 포장길에서 이내 숲 속 오솔길로 바뀐다. 산 중턱으로 오르는 길은 오르막과 내리막이 반복되는 난코스이다. 잔차에 오르고 내리기를 수차례 반복하고 나니 앞이 탁 트이는 전망 좋은 곳이 나온다. 멀리 지리산의 주능선이 보이고 가까이는 시원하게 펼쳐진 들판에 자리한 실상사實相寺가 한눈에 들어온다.

매동마을 뒷산 길

하항, 중항, 상항마을도 보인다. 주변을 둘러보니 전망 좋은 양지쪽에 새로 지은 집들이 여러 채이다. 민박집, 음식점, 대안학교도 보인다. 둘레길이 개통되면서 길가에는 새 집들이 많이 지어졌다. 그중에는 집주인이 둘레길 탐방을 왔다가 주변 경치에 매료되어, 땅을 사고 집을 짓게 된 경우도 있다 한다.

멀리 보이는 경치를 감상하면서 약 5분 정도 다운 힐을 즐기다 보니 둘레길을 이탈하여 중항마을과 상항마을이 만나는 도로까지 내려와 버렸다. 도중에 분명 둘레길 방향 표시가 있었을 터인데 지나치고 말았다.

마을 어르신께 '등구재' 방향을 여쭈어 30여 분을 업힐하니, 논길을 지나오는 둘레길과 다시 만나게 되었다. 그런데, 주변을 둘러보니 상당한 고도의 산중턱인데도 밭은 안 보이고 온통 논이다. 이름하야 다랑이(다랭이) 논이다. 이곳에서 다랑이 논을 보게 되다니 반갑다. 하지만 이 논을 개간하면서 흘렸을 농부의 땀을 생각하니 왠지 가슴이 뭉클해진다.

전방에 등구재가 보인다. 가파른 경사 길을 바퀴 앞만 보고 올라간다. 등구재 앞 주막(식당)을 향해서 온 힘을 다해 페달링을 한다. 허리와 다리에 통증이 느껴진다. 마침내 주막 앞에 이르니, "가파른 길을 가볍게 올라오네요. 대단하시네요." 하고 주인아저씨가 반긴다. 아저씨의 칭찬 한마디에 고통이 사라진다.

구수한 청국장에 이제 막 담은 배추겉절이가 정말 맛있다. 김치전은

등구재를 뒤로한 채 바라본 상항, 중항, 하항마을

서비스로 주신단다. 배가 너무 불러 라이딩이 힘들겠지만 호의를 져
버릴 수 없어 김치전도 남김없이 다 먹는다.

"힘내세요." 하는 아저씨의 응원을 뒤로하고 등구재를 오르기 시작
한다. 온힘을 다리에 모아 업힐을 감행한다. 그대로 정상까지 치고 올
라가는가 했는데, 마지막 수 미터를 남기고 내려선다. 정상 주변에 깔
린 돌멩이들 때문이다. 등구재에는 차가운 겨울바람이 불고 있었다.
땅도 얼어 있다. 영하의 기온이다. 업힐 때 흘린 땀이 차갑게 식어간다.

오늘은 기온이 초겨울처럼 느껴지는 추운 날씨이다. 그래서인지 탐
방객이 보이지 않는다. 만나는 사람 없이 줄곧 혼자서 고개를 넘어 내
리막 숲길을 따라 앞으로 나아간다. 등구재를 넘어서면 행정구역이

등구재 고개마루   등구재에서 창원마을 가는 오솔길

경상도이다. 전라북도에서 경상남도로 바뀌었다. 남원에서 함양으로 넘어간다. 옛날에는 함양군 창원마을 주민들이 남원군 인월마을로 장을 보려고 이 길을 넘나들었다고 한다.

옛사람들이 다녔던 길을 오늘 내가 자전거와 함께 지나간다.

등구재에서 창원마을로 내려가는 길은 가끔은 잔차를 어깨에 메야 할 때도 있으나, 대부분 안장에 올라 다운힐을 즐긴다. 숲 속에 오아시스(동물들이 먹는 산중턱의 작은 연못)도 있고 각종 수목들이 빽빽이 들어차 햇살을 가리는 오솔길이다.

이윽고 사방이 산으로 둘러싸인 고요한 산골마을, 창원마을에 도

금계마을 뒷산에서 바라본 지리산

착한다. 작은 동네여서인지 인적을 느낄 수 없다. 이곳에서 금계로 가
는 길은 잔차를 동반하고 가기에는 대단히 힘든 험로다. 폭이 좁고 내
리막 경사가 심한 등산로로 자전거를 끌고 가는 것조차 여간 힘들지
않다. 거의 어깨에 메고 가야 한다.

　이렇게 반 시간 정도를 내려오니 갑자기 눈앞에 지리산 준봉들이 나
타난다. 시선을 아래로 향하니 금계마을이 지척에 보인다. 지리산 칠
선계곡이 임천강과 만나는 곳이다. 반반한 돌 위에 자리를 잡고 앉는
다. 건너편 봉우리를 바라보면서 천왕봉, 제석봉, 중봉, 반야봉 등을
찾아본다.

　금계마을에는 민박집이 많다. 마을 앞 의탄교를 건너면 벽송사 쪽에
서 칠선계곡이 흘러온다. 잔차에 올라 맑은 계곡물을 따라 한참을 올

라가 본다. 시계를 본다. 이제 돌아갈 시간이다. 해지기 전에 인월로 돌아가기 위해 60번 지방도를 빠른 속도로 달린다. 마천면을 지나고 백무동계곡을 바라보면서 페달을 늦추지 않는다. 실상사와 매동마을을 통과하여 장항마을로 원점 회귀하였다. 자동차에 부운을 싣고 광주로 향한다. 머지않아 둘레길 제3코스를 다시 찾아올 것이다.

지리산 언저리
지초봉 라이딩

오랜만에 지초봉 라이딩에 나섰다. 전남 구례는 광주에서 100킬로이고 지리산을 가는 데 가장 가까운 지역이다. 주변에는 다양한 MTB 코스가 산재해 있으며 무엇보다 지리산을 곁에 두고 라이딩을 할 수 있기에 그 어느 지역보다 자주 찾아오는 곳이다.

초봄이면 구례에서 광양 다압마을까지의 매화향기 가득한 섬진강 길, 벚꽃이 만발한 4월에는 하동의 악양에서 화개장터로 거슬러 오르는 벚꽃터널 길, 싱그러운 여름이 되면 쌍계사에서 칠불사 가는 길, 형제봉 활공장 가는 길, 벽소령으로 가는 빨치산 루트길, 단풍이 든 가을과 낙엽 쌓인 겨울이면 천은사에서 성삼재로 업힐하는 길, 평사리에서 회남재를 올라 청학동 가는 길, 오산의 사성암 가는 길, 둥주리봉 가는 길, 그리고 오늘 찾은 구례군 광의면 온동마을에서 산동면 산수유마을로 넘어가는 지초봉길 등이 있다.

지초봉芝草峰(601미터, 일명 할미성이라고 부른다)길은 산동면 산수유마을에서 오르는 임도와 광의면 온동마을에서 오르는 임도가 지초봉 아래서 만나 두 지역을 연결한다. 이 길은 최근에 구례와 남원을 잇는 '지리산 둘레길'의 일부가 되었다.

지난여름에 왔을 땐 산동면 산수유마을 쪽에서 올랐는데, 전부터 이 길을 몇 번 와 본 적이 있는 난 깜짝 놀랐다. 다름 아니라 이곳이 '생태 숲 조성지역'이 되어 산 곳곳이 깎이고 나무가 베어지면서 생채기를 하고 있었다. 임도길 옆 계곡은 사방댐을 만들면서 자연석이 훼

온동마을 임도 초입에 있는 소나무 쉼터

손되고, 숲은 생태숲 터를 다듬느라 많은 고목들이 베어져 예전의 자연 그대로의 모습이 아니었다.

연둣빛 새싹이 움트는 봄부터 성하盛夏의 여름날까지 이 길은 그야말로 숲 속의 오케스트라 화음을 간직한 그런 길이었다. 정말이지 구례군청에 민원제기 전화를 돌리고 싶은 마음이 꿀떡 같았다. 그러나 이미 깎여 버린 걸 어찌할 것인가. 아무리 생각해도 산이 경사지고 가팔라서 인공적인 숲 조성에는 알맞지 않은데 '왜 이곳에⋯⋯' 하는 의문이 끊이지 않아 라이딩 내내 마음이 편치 않았다.

한번 실시한 정책은 그 정책이 국가정책이 되었든, 지자체의 정책이 되었든, 국민의 삶과 자연환경 등에 미치는 영향은 지대하다. 깎여진 산은 나중엔 돌이킬 수가 없다. 따라서 정책 결정은 신중에 신중을 기해야 할 것이다.

오늘은 온동마을에서 오르기 때문에 상처 난 숲을 보지 않아 다행이다. 온동마을 가까이에는 '예술인 마을'이 조성되고 있어 현대식 건물들이 여러 채 보인다. 임도 초입에는 가지가 꾸불꾸불 곡선으로 펴져나간 범상치 않은 큰 소나무 한 그루가 있는데, 그곳에 작은 쉼터가 마련되어 있다.

지초봉을 향해 올라가는 임도는 소나무들로 빼곡하다. 키 큰 소나무가 어깨를 나란히 하고 가지와 가지가 맞닿아 터널 길을 만들고 있다. 땅에 떨어져 푹신히 쌓인 솔잎에서는 짙은 솔향기가 배어 나온다.

노란 솔잎을 보니 어린 시절의 고향집이 그리워진다. 가을 추수가 끝나 일손이 그다지 바쁘지 않은 늦가을이 되면, 집집마다 마당에 짚 벼늘(탈곡한 짚을 다발로 묶어 탑처럼 쌓아둔 것)과 나란히 나무벼늘을 만든다. 추운 겨울 동안 땔감으로 쓸 나무를 쌓아둔 벼늘이다. 커다란 정재(부엌) 모퉁이에는 불쏘시개로 쓸 '가리나무'가 차곡하게 쌓여 있었다. 이 가리나무는 소나무 아래서 갈퀴로 긁어 모아온 마른솔잎이었다. 가리나무로 불을 때면 참으로 잘 타고 따뜻하였으며, 이 불로 지은 밥솥에서는 단내가 났다.

임도의 중간지점에 정자가 있고 이곳에서 바라보는 광의면 너른 들판이 가슴을 탁 트이게 한다. 갑자기 "홀로일 때가 가장 자유롭다."라고 한 법정스님의 말씀이 생각난다. 그렇다 '홀로 라이딩'을 하다 보면 자연스럽게 자신과의 대화가 이루어지고, 스스로를 돌아보는 시간을 갖게 됨과 동시에 무엇에도 구애되지 않는 자유로움을 만끽한다.

저만치 앞쪽에서 지리산 둘레길 탐방객 두 사람이 다가오고 있다. 인사를 건넨다. 아무런 답이 없다. 산행에서 서로 만나면 반갑게 인사를 주고받는 것이 자연스러운데 최근에는 인사를 하여도 응답이 없는 사람들을 가끔 만나기도 한다. 왠지 섭섭하다.

"인자仁者는 산을 찾고, 지자智者는 바다를 좋아 한다."라고 하였다. 요즈음 난 산도 좋고 바다도 좋으며 강도 좋다. 그렇다면 난……

갑자기 꿩 한 마리가 길섶에서 푸드덕 날아오른다. 긴 겨울날 먹잇

지초봉 정상

활공장에서 바라본 구례군 황전면

감은 충분한지, 따뜻한 보금자리는 확보했는지 걱정스럽다. 이런저런 생각을 하면서 약 2시간 정도 올라왔을까, 지초봉 정상을 알리는 이 정표가 나오고 고개 마루 저편으로 산수유마을이 어슴푸레 보인다. 정상으로 가는 길은 가팔라지고 시야가 밝아지면서 멀리 지리산의 노고단, 반야봉, 제석봉, 천왕봉이 우뚝 서 있는 모습이 보인다. 봉우리들마다 하얗다. 첫눈 쌓인 지리산을 비치는 햇살이 눈부시다. 이마에 땀방울이 맺히고 얼굴을 스치는 바람은 그다지 차갑지 않으며 오히려 시원하게 느껴진다.

드디어 지초봉 정상이다.

사방이 훤하고 텅하니 마음이 열린다. 동서남북을 향해서 사진을 찍는다. 지초봉은 일명 할미성이라고도 부른다. 정상에는 성터의 흔적인 듯 커다란 돌들이 탑처럼 쌓여 있고, 그 옆에 행글라이더 활공장이 만들어져 있다.

전망 좋은 정상에서 30여 분을 보내고, 안내지도에 철쭉 동산으로 내려가는 등산로가 있어서 잠시 그길로 다운힐을 시도한다. 그러나 도중에 길이 끊긴다. 더 이상 내려가지 못하고 올라왔던 임도를 찾아 나와 온동마을로 원점 회귀하였다. 초겨울산은 포근하였다.

뼈아픈 전쟁의
상처가 있는 길

지난해 말 둘레길 제4코스까지 다녀온 이
후로, 제5코스를 곧 가야겠다고는 생각하면서도 쉬 기회를 잡지 못하
고 있다가 11월이 다 된 지금에서야 실행에 옮기게 되었다.

자동차에 '부운'을 싣고 여느 때와 마찬가지로 처음 가는 길에 대한
설렘을 안고 경남 함양군 휴천면 동강에 도착하였다.

주차 장소를 두리번거리다 원기마을 앞 정자에 주차를 하고 곧바로
잔차에 오른다. 임천강(이 지역에서는 엄천강이라고도 부른다)을 건너
농로를 따라가니 2차선 도로와 만난다. 오르막도로를 잠시 오르니 우
측으로 '산청함양사건 추모공원'이 보인다.

6·25전쟁 때 빨치산 토벌 책임을 맡았던 우리 국군부대가 빨치산
과 한통속이라는 미명 아래 이 지역의 가현, 방곡, 점촌마을에 살고
있던 주민 705명을 학살하고야 만다. 참담한 일이었다. 원통하기 짝이

214

산청함양사건 추모공원

상사폭포

없는 그들의 넋을 위로하고자 추모공원을 조성한 것이다.

이데올로기의 충돌이 빚은 동족상잔의 전쟁, 수많은 양민의 희생, 분단과 대치, 모두가 아프고 아픈 우리 역사이다. 당시의 기록을 읽어 보면서 공원을 돌아보는 사이 가슴은 점점 답답해지고 마치 커다란 돌에 짓눌려지는 느낌이 왔다. 공원을 나서는 잔차 바퀴 또한 무겁고 느리기만 하다.

추모공원을 나와 길 건너 상사계곡相思溪谷으로 발걸음을 옮긴다. 물소리 새소리 가득한 숲길로 잔차를 끌고 들어간다. 낙엽이 쌓여가는 계곡은 돌이 많고 가팔라서 잔차에 오를 수가 없다. 차가운 물소리를 들으면서 30여 분을 걸어 올라가니 폭포 물소리가 들려온다.

폭포 하면, 그랜드캐니언의 거대한 물줄기와 세계 3대 폭포로 알려진 나이아가라, 빅토리아, 이구아수 폭포가 연상된다. 우리나라에는 그런 크고 긴 폭포는 없다. 그러나 나름대로의 정취와 미를 간직하고 있다. 내가 그동안 보아 왔던 크고 작은 폭포들, 즉 제주의 정방폭포와 천지연폭포, 지리산의 불일폭포, 수락폭포, 선유폭포, 그리고 장흥 유치의 옥녀폭포 등은 주변의 숲과 나무, 기암괴석 등과 잘 어우러져 각각의 독특한 분위기와 멋을 지니고 있었다.

드디어 상사폭포相思瀑布 앞에 도착하였다. 상사폭포에는 다음과 같은 전설이 있다고 한다. 옛날 옛적에 한 여인을 사모한 사내가 있었다. 그러나 그 사내는 여인과 함께 살고자 하는 뜻을 이루지 못한 채 죽어서 뱀이 된다. 뱀이 된 사내는 어느 날 여인을 안으려 하였는데, 놀란 여인이 내리친 손에 뱀은 죽게 되고 여인도 숨을 거둔다. 여인은 죽어서 바위가 되고 뱀은 폭포수가 되어 계곡을 만들었다고 하는 이야기이다. 그래서 상사폭포, 상사계곡이란 명칭이 붙게 되었다 한다.

폭포 위로 올라가니 길은 평평해지고 솔잎 가득히 깔린 소나무 숲이 펼쳐진다. 산 아래 마을에서 이곳까지 오르내리면서 일구었던 밭들이 이제는 잡초 무성한 채 방치되어 있다.

짙은 솔향기를 맡으면서 잠시 페달링을 하고 오르니 우측에 약초밭이 나온다. '누가 여기까지 와서 약초밭을 일구었을까?' 하고 생각을 하는데, 어디서 개 짖는 소리가 들리고 인기척이 느껴진다. 고개 들어 바라보니 저만치 언덕에 집이 한 채 보인다.

가까이 다가가서 보니 간이 건물로 지어진 쉼터이다.

한 어르신이 "여기까지 잔차를 가지고 왔는교, 대단하네요."라고 하면서 막걸리 한 잔을 권하셨다. 바로 포항에서 우체국장을 하는 분으로, 이곳에서 약초를 재배하면서 쉼터를 운영하는 아저씨가 자신의 처남이라 하신다.

고소한 도토리묵을 안주삼아 막걸리 잔을 부딪치며 세 사람은 서로 인사를 나눈다. "짬(틈) 날 때마다 조금씩 써본 글"이라고 하면서 사십여 장의 하얀 백지에 정서된 글을 보여 주신다. 잠시 글들을 읽어 본다. 평소에 읽은 좋은 글귀와 자신의 생각을 적어둔 내용이었다. "꽃을 사랑하는 사람은 그 꽃에 물을 주고, 꽃을 좋아하는 사람은 그 꽃을 꺾는다."라는 글이 눈에 띈다.

잠시 후, 두 분과 작별 인사를 하고 다시 길을 나서 쌍재에 다다른다. 산불감시 초소를 지나 고동재를 향해 길을 재촉한다.

고동재에서 좌측으로 가면 둘레길 제5코스의 종점인 수철마을이 있고, 우측으로 난 임도를 따라가면 상사폭포의 초입인 방곡마을로 내려온다. 아침에 주차한 곳으로 돌아가기 위해 울창한 소나무 길을 따라 3킬로 정도를 내려간다. 이렇게 원점 회귀하니 해가 서산에 기울고 기온은 내려가 핸들을 잡은 손이 얼어온다.

지리산 둘레길은 지난 2004년부터 2011년 사이에 걸쳐 지리산 주변에 살고 있는 주민들의 도움과 양해를 얻어 옛길, 고갯길, 숲길, 강변길, 논둑길, 농로길, 마을길 등을 이어 남원, 함양, 산청 3개 시군이 연결되는 1, 2, 3, 4, 5코스가 연차적으로 조성되었다. 지리산을 우측에 두고 걸으면서 사계절의 아름다움과 이 일대의 역사와 문화를 즐기고 만날 수 있다.

이때까지만 해도 둘레길은 지리산을 반 바퀴 도는 모습이었는데, 그 뒤 연차적으로 새로운 둘레길 구간이 추가되어 2012년 5월에 이르러서는 전북 남원(46킬로), 전남 구례(77킬로), 경남 산청(60킬로), 하동(68킬로) 등 3도 5개 시군에 걸쳐, 117개 마을을 잇는 총 274킬로의 지리산 일주의 둘레길이 완전 개통되었다. 제주의 올레길과 함께 한국의 대표적인 트레킹 코스로, 세상살이에 바쁜 많은 도시인들이 이 길을 걸으면서 마음의 여유와 휴식을 찾는 힐링의 시간을 갖게 되었다.

그러나 둘레길이 지나는 곳은 마을이 있고 주민들이 생활하는 삶의 터전인 논밭이 있다. 탐방객들은 길을 허락하고 지원한 주민들에게 늘 감사의 마음을 가져야 함은 물론이고, 땀 흘려 일하고 있는 지역민에 대한 배려의 마음도 잊지 말아야 할 것이다. 물론 농작물의 훼손은 말할 것도 없고 식물채취 또한 함부로 이루어져서는 안 될 것이다. 그렇게 함으로써 탐방객과 지역민 모두에게 도움이 되는 진짜 명품 지리산 둘레길이 될 것이다.

이렇게 하여 작년부터 시작한 나의 '지리산둘레길 도전 라이딩'의 제1막은 끝이 났다. 그러나 앞서 말한 것처럼 지리산 둘레길은 그 사이에 새로운 코스가 추가되어 천왕봉을 바라보면서 3도 5개 시군에 걸친 일주 길이 완성되었다.

즉, 제5코스의 종점인 산청의 수철마을에서 하동을 지나 구례로 오는 코스가 개통되었다. 하동에서 섬진강변을 따라 구례로 오는 길은 부분적으로는 수차례 라이딩을 한 적이 있지만 산청에서 하동에 이르는 길은 전혀 가 본 적이 없다.

가 보지 않았기에 더 설레고 기대가 된다. 꽃피는 봄날이어도 좋고, 뙤약볕 내리쬐는 한여름일지라도 상관없다. 길을 가면 그곳에는 떨림과 감동이 있으니까. 나의 '지리산둘레길 도전 라이딩' 제2막은 머잖아 또 그렇게 시작될 것이다.

눈 덮인 곤방산 산자락

겨울 冬

지리산 형제봉의
겨울과 봄

1. 아! 형제봉

새해가 시작되고도 변함없는 추위가 계속
되더니 요 며칠 기온이 조금 상승하였다.

그래서 새해맞이 첫 라이딩 이후 잔차를 타지 못하고 기회만 엿보
고 있었는데, 오늘 드디어 자동차에 잔차를 싣고 집을 나선다. 동호회
회원과 함께 지리산 형제봉을 오르기로 한 것이다. 아침 9시, 광주를
출발하여 하동군 쌍계사雙溪寺 부근 '남도대교'에 11시 30분경 도착한
다. 도중에 눈이 약간 내렸지만 다시 하늘은 맑아졌다.

오늘 라이딩에 동행하기로 한 광양의 프리라이더 한 분이 먼저 와
우리를 반갑게 맞이한다. 인사를 나눈 우리 세 사람은 곧바로 안장에
올라 쌍계사 방면으로 달려가기 시작한다.

지난해 가을 동호회 회원들은 단체로 형제봉을 갔다 왔는데, 회원
들이 올린 라이딩 후기에는 "형제봉 정상은 참으로 신비로웠다.", "그

야말로 경치가 멋졌다."라는 글들이 실려 있었다. 함께 올린 사진을 보고, 나는 '지리산에 저런 곳이 있었던가?' 하는 생각을 가짐과 동시에, 언젠가 꼭 한번 가 봐야겠다고 마음속으로 다짐하였던 것이다.

오늘은 지난해 동호회 회원들이 갔던 코스를 역으로 간다고 한다. 그러나 나는 형제봉을 가는 길을 잘 알지 못한다. 지난해 가을까지 나는 MTB에 대해서 아무것도 몰랐다. 10월 어느 날 우연히 신문을 펼치니 산에서 자전거를 타는 커다란 사진과 함께 MTB에 대한 기사가 실려 있었다. 그 기사를 읽고 난 후, "MTB야말로 내가 하고 싶었던 운동이다."라는 생각이 들었다. 그날부로 나는 지인을 통해 MTB를 하는 후배를 소개 받았으며, 그 후배의 안내로 당일 밤에 MTB 숍에서 자전거를 구입하였다. 이렇게 하여 나와 MTB의 인연은 시작되었다.

그 후, 지난 가을 동호회 회원들을 따라 몇 차례 단체라이딩만을 경험했을 뿐, 겨울이 되면서 추위와 눈 때문에 라이딩을 한 횟수는 손가락으로 셀 정도다. 그래서 난 아직 그야말로 '초짜 라이더'에 지나지 않았다.

남도다리에서 화개장터를 지나 쌍계사 계곡을 따라 상류 방향으로 달려간다. 이때만 해도 아침의 일기예보와는 달리 따뜻한 햇살이 사방을 비춰 금방 이마에 땀방울이 맺혔다. 쌍계사를 전방 1킬로 지점에 두고 우측 마을 입구로 진입한다. 마을을 지날 때는 마주친 동네 어르신들께 정중히 인사를 올리기도 하고, 잔차가 본격적인 산길로 들어서기 전만 해도 주변의 경치를 감상하는 여유가 있었으며, 페달을 돌리는 다리 회전에도 힘이 넘쳤다.

그러나 점점 위로 올라갈수록 자전거의 앞바퀴가 들리는 느낌이 오기 시작하고, 핸들을 억누르는 두 팔목에 힘이 들어간다. 짧은 나의 MTB 경력에 있어서 이렇게 경사진 길은 처음이다. 점점 허리가 아파 오고 엉덩이에도 통증이 온다.

주위가 갑자기 어두워지면서 급기야 눈이 내리기 시작한다. 좀 전의 따사로운 햇살은 온데간데 없고, 하얀 눈이 하늘을 덮었다. "별천지에 왔다. 멋지다. 언제 이런 곳을 와 볼까. 오늘 정말 잘 왔다."라고, 좀 전까지 일행들과 나누었던 말들은 쏙 들어간 지 오래다.

시간이 갈수록 하얀 눈은 세찬 바람과 함께 검은색으로 바뀐다. 바로 앞이 보이지 않을 정도로 세찬 눈보라가 몰아친다. 기온은 뚝 떨어져 온몸이 얼어붙고, 고글에 내려앉은 눈은 곧바로 얼어버려 시야가 보이지 않는다. 고글을 벗고 안경으로 고쳐 썼지만 앞이 안 보이는 것은 마찬가지이다. 아예 안경을 벗고 바퀴 앞만 바라보면서 페달을 돌린다. '아, 날씨가 이렇게도 변할 수 있구나! 역시 지리산이구나!' 하는 생각을 한다.

그런데 설상가상雪上加霜이다. 위로 올라갈수록 눈은 많아지고 길은 더 미끄러워진다. 그도 그럴 것이 쌓인 눈 속은 빙판이 되어 있었다. 그렇다, 하얀 눈은 그 아래 얼음을 감추고 덫을 쳐 놓고 있었다. 그동안 내린 눈이 낮에는 녹고 밤에는 얼기를 반복하면서 얼음판이 되어 있었던 것이다.

안장에서 내리는 횟수가 점점 많아지고, 걸어가는 거리가 점점 늘어난다. 한 번 자전거에서 내리면 혼자 힘으로 안장에 오름과 동시에 출발한다는 것은 사실상 어렵다. 동반자인 베테랑 라이더가 잔차를 뒤에서 잡고 밀어준다. 정상에 다다르기까지 이러한 과정이 얼마나 여러 차례 반복되었던가!

오르고 또 오르는데 정상은 자꾸만 더 멀어진다.

하지만 그 누구도 "이만 돌아가자"라는 말을 하지 않는다. 타고, 내리고, 끌고를 수없이 반복하면서 정상까지 남은 거리 5킬로, 3킬로, 0.5킬로, 드디어 정상에 도착하였다.

타고, 끌고, 메고, 결국은 정상에 올랐다.

그런데 형제봉 정상(정확히 말하면, 형제봉 정상 '1,114미터' 바로 아래 위치한 활공장)은, "자전거가 바람에 밀립니다, 조심하세요." 하고 건장한 체구의 라이더가 외칠 정도이니, 바람의 세기가 어느 정도인지 가히 짐작이 간다.

하얀 눈에, 아니 검은 눈보라에 시야가 가려 아무것도 전망할 수 없다. 고대했던 '신비한 경치'는 그 어디에도 보이지 않는다. 단지 가늠할 수 없는 지리산 준봉들이 검은 눈보라 저쪽에 펼쳐져 있을 거라고 상상할 뿐이다.

이제는 내려가야 한다.

빙판길을 자전거로 내려간다는 것이 어떠한지는, 평소에 자전거를 타는 사람에게는 굳이 설명이 필요치 않고, 물론 자전거를 타지 않는 226

사람일지라도 충분히 상상이 가능할 것이다.

업힐을 할 때는 언 땅이라 할지라도 표면에 어느 정도 눈이 쌓여 있다면 안장에 오를 수 있다. 하지만 다운 힐에서는 자전거를 탈 수가 없다.

정상에서 3.5킬로 내려가면 부춘마을로 내려가는 길과 쌍계사 방향으로 내려가는 길이 갈리는 삼거리가 나오는데, 이곳까지는 3인 모두 끌바를 한다. 빙판에 자꾸만 미끄러져 끌바도 쉽지 않다. 오던 길과는 달리 부춘마을 방향으로 들어서, 걷기와 타기를 번갈아 하면서 조심스럽게 내려간다.

마을 가장 위쪽에 위치한 집 굴뚝에서 하얀 연기가 모락모락 올라가고 있다. 염치 불구하고 집안으로 들어가 인기척이 있는 뒤뜰 쪽으로 돌아가니 아주머니께서 아궁이에 불을 떼고 계신다. 꽁꽁 얼어붙은 우리들의 모습에 약간 놀라신다. 아궁이에 불 쬐기를 권한다. 언 손을 녹이고 젖은 양말과 신발을 말려 본다.

마을 앞길은 다행히 오늘 내린 눈만 쌓여 있고, 빙판길은 아니다. 이곳에서 19번 국도와 만나는 신기마을까지는 가파른 내리막이지만 안장에서 내리지 않고 조심스레 페달을 돌린다. 이렇게 하여 남도대교 출발지로 돌아오니 해는 서쪽하늘로 저물고, 속도계의 총 라이딩 거리는 37킬로를 가리키고 있다.

광주에 돌아와 동호회 회원 몇 사람과 저녁을 먹으면서 오늘의 라이딩을 무용담처럼 자랑하니, 반응이 갈린다. 한쪽은 오늘 라이딩의 스릴을 함께 맛보지 못해 아쉽다고 했으며, 다른 한쪽은 빙판길 위험한 라이딩에 동참 안 하길 잘했다고 하였다.

MTB 초보입문자로서 눈길과 빙판길을 뚫고 형제봉 정상까지 라이딩을 하였다는 것은 하나의 자랑거리가 될 것으로 생각한다. 그러나 그보다 중요한 것은 안전 라이딩일 것이다.

신록의 봄이 오면, 다시 한 번 꼭 형제봉을 찾아야겠다고 마음속으로 다짐해 본다.

2. 다시 찾은 봄날의 형제봉

4월의 쾌청한 토요일 아침이다. 오늘은 동호회 회원 두 사람과 함께 지리산 형제봉으로 라이딩을 간다.

지난겨울 눈보라 치는 악천후 속에 처음 갔던 형제봉은 라이딩이라기보다는 자전거를 끌고 정상까지 오르는 겨울 등산이나 다를 바 없었다. 따라서 꽃피고 신록이 돋아나는 새봄이 되면 다시 찾겠다고 마음속으로 다짐했었다. 그래서 오늘 라이딩은 그 다짐을 실행하는 의미도 있다.

광주에서 경남 하동군 화개면 쌍계사 입구, 화개장터 앞에 위치한 '남도대교'까지는 약 130킬로, 1시간 30분 정도가 걸린다. 도중에 구례구의 강변식당에 들려 섬진강에서 직접 채취한 재첩국으로 이른 점심을 해결한다. 남도대교에 주차를 하고, 곧바로 만개한 벗꽃이 새하얀 눈처럼 휘날리는 19번국도 가로수 길을 따라 하동 방향으로 10여 분을 달려, 형제봉 입구 신기마을로 들어선다. 지난겨울에는 쌍계사 계곡에서 올라 이쪽으로 내려왔는데, 이번에는 반대로 신기마을과 부춘

마을에서 올라간다.

마을을 지나 숲으로 들어서자 가파른 업힐이 시작된다.

말없이 페달링에만 전념한다. 세 사람의 헉헉 내뿜는 가쁜 숨소리만 들려온다. 허리가 아파오고, 안장 위의 엉덩이에 통증이 전해온다. 어제 밤 상가에서 돌아온 시간이 새벽 3시, 수면 부족을 변명으로 늘어놓는다.

사실 잔차를 타고 오르막을 오르는 것은 자기와의 싸움이다. 이를 악물고 스스로의 한계를 넘어서려 한다. 이때는 바퀴 앞 작은 돌멩이 하나도 원망스럽다. 그걸 피해가려면 그만큼 안간힘을 써야 하기 때문이다. 온힘을 다해 간신히 페달링을 하고 있는 상태에서 타고 넘어야 하는 작은 돌멩이나 나뭇가지는 상당한 장애물이 된다.

엉덩이와 허벅지 사이에 번져오는 통증은 더욱 커지고, 얼굴은 붉으락푸르락 더 일그러진다. 결국은 잔차를 세우고 안장의 앞쪽 코의 높이를 낮추어 본다. 안장을 조정하고 나니 훨씬 편해진 느낌이다. 그대로 삼십여 분 정도를 더 오르니 몸이 풀려 아프던 허리도 한결 나아졌다.

출발하여 한 시간 조금 지났는데 벌써 수통에 물은 다 마시고 비었다. 그만큼 땀을 많이 흘렸다는 이야기이다. 어디선가 물소리가 들려온다. 길가 수풀 속을 헤쳐 들어가니 하얀 포말을 일으키며 맑고 깨끗한 계곡물이 바위에 부서지고 있다. 두 손을 받쳐 벌컥벌컥 마시고 수통에도 가득 담아 채운다.

자전거 위에서 들이마시는 봄바람이 너무도 상쾌하고 향기롭다. 시절은 변하고 만물萬物은 유전流轉한다더니, 지난 1월 말, 그때의 검은 눈과 빙판길은 다 어디로 갔단 말인가! 지금의 이 포근하고 부드러운 흙길이 그날의 그 빙판길이었다니, 고개가 설레설레, 상상이 가지 않는다. 그렇다, 만물은 그대로 있지 않고 변한다. 정상까지 0.5킬로라는 표지판을, 오늘은 지난 겨울날에 비해 너무도 빨리 본다.

형제봉 정상은, 아! 하는 탄성이 절로 나온다.

눈 아래 펼쳐지는 푸르른 평사리 벌판, 그 사이로 은빛 비늘 마냥 반짝이면서 흘러가는 섬진강, 첩첩이 뻗어가는 지리산의 장엄한 봉우

멀리 지리산 준봉을 바라보는 형제봉(활공장)

리들, 모두가 한 눈에 들어온다. 장쾌한 전망이다. "야호!" 하고 몇 번이고 소리쳐 본다. 사진 포즈도 여기저기 사방에서 잡아 본다. 자리를 잡고 앉아서, 겨울날 검은 눈보라로 한치 앞을 보지 못했던 그때 이 자리의 그 광경을 떠올려 본다. "마치 거짓말 같구나."

"이제, 내려갑시다." 하는 일행의 외침에 잔상에서 깨어나 안장에 오른다.

겨울날 세 시간을 넘게 자전거를 메고 밀고 끌고 타고 미끄러지면서 올라왔던 그 길이, 지금은 따사로운 봄볕에 나무 가지마다 푸른 새싹이 움트고, 화사한 벚꽃이 곳곳에 피어 있는 꽃길이 되어 있다.

눈 깜작할 사이 절반을 내려와 버린다.

"힘들게 올라왔는데 천천히 내려가면서 주변의 경치를 즐깁시다." 하는 일행의 제안에 잔차의 속도를 줄인다. 그러나 서행도 잠시 뿐, 얼마 지나지 않아 세 사람 모두가 다운힐의 속도감이 주는 쾌감을 떨쳐내지 못하고, 엉덩이를 높이 들고 무게중심을 안장 맨 끝으로 옮긴 채, 길고 가파른 내리막의 스릴을 만끽하며 달리고 있다.

정상으로부터 17킬로를 내려와 쌍계사 입구에 도착하니, 십 리 길 벚꽃 터널은 상춘객과 이들이 타고 온 차량으로 초만원을 이루고 있다. 차량 행렬은 가다 서다를 반복하고 있는데, 우리 일행은 그 사이를 유유히 달려 남도대교로 원위치하였다.

형제봉, 매력이 넘치는 곳이다.

지리산과 섬진강을 바라보는 아름다운 전망이 있고, 가슴을 열어젖
히고도 남을 시원한 바람이 끊이지 않으며, 오고 가는 임도는 흙 내음
과 솔향기로 가득하다. 땀 흘려 오르고 내리는 수고의 대가를 충분히
느끼게끔 하는 곳이다. 봄이 오면 다시 찾겠다는 겨울날의 약속을 오
늘 실현하였으며, 녹음이 짙어진 초하初夏에 또 다시 와야겠다고 마음
먹는다.

형제봉 임도

둘레길 코스를 이탈하다

파란 하늘과 맞닿은

지리산 준봉을 바라보면서

그 숲 속을, 그 품속을 들고 나면서

돌과 나무, 산과 계곡, 구름과 하늘을 보고 나니

이제 당분간 다른 곳을 갈 수가 없다.

　　　　오늘도 지리산의 너른 품에 끌려 둘레길 제4코스로 향한다. 남원, 지리산 휴게소, 인월, 마천을 거쳐 금계마을에 도착하여 폐교가 된 금계초등학교 운동장에 주차를 한다.

　하늘이 수상하다. 오늘 눈 예보가 있었다. 의탄교를 지나 왼쪽 길로 올라간다. 언 땅이 녹아 질척거리는 흙길이다. 타이어가 곧바로 흙투성이가 되어 무겁게 구른다. 어제 밤, 오늘의 라이딩을 상쾌한 기분으

숲 속의 돌길

로 시작하려고 부운을 깨끗이 씻고 기름도 칠했는데 아쉽다.

그런데 가는 길이 조금 이상하게 느껴진다. 바로 발아래는 임천강이 흐르고, 강물을 따라 폭이 1미터도 채 안 되는 좁은 돌길이, 자칫 잘못하면 강물로 떨어질 것 같은 아슬아슬한 그런 길이 계속된다. 이 길이 과연 둘레길 코스가 맞는지 누군가에게 묻고 싶으나 보이는 사람이 없다.

오늘 라이딩은 출발이 늦어 정오가 다 된 시간에 시작하였다. 그래서 탐방객들을 만나지는 못하고 있지만, 누군가는 나보다 앞장서서 가고 있을 거라고 생각하였다. 이따금 돌 위에 사람 발자국이 보인다.

꽤 먼 거리를 와 버렸다. 이제는 이 길이 설혹 잘못 들어선 길이라 할지라도 돌아서기엔 늦었다. 유난히도 돌이 많아 잔차는 처음에 잠시 탔을 뿐, 끌고 메고를 반복한다. 강만 바라보고 돌길을 원망하면서 걸어간다. 크고 작은 돌들이 가득한 숲 속을 홀로 넘어간다. 기온은 떨어지고 눈이 내리기 시작한다. 이쯤에서 길을 잘못 들었음을 깨달았지만, 별 도리가 없었다. 금계에서 동강으로 가는 제4코스를 자세히 숙지하지 않고 가볍게 나선 결과이다. 나중에 안 일이지만 의탄교를 지나자마자 둘레길 본 코스를 이탈하고 있었다.

1시간 반, 아니 2시간쯤 왔을까, 시야에서 강물도 사라지고 돌만 깔린 숲 속을 앞만 보고 걸어가는데 앞쪽에 인기척이 느껴진다. 반대쪽에서 탐방객 한 사람이 오고 있다. 어찌나 반갑던지, 그쪽에서도 무척 반가워한다. 두 사람은 인사를 나누고 서로의 출발지를 묻고 답한다.

탐방객의 말에 의하면, 내가 온 길은 지금은 탐방객이 별로 다니지 않지만 작년까지는 둘레길 제4코스의 일부였다고 한다. 사연인즉, 작년까지는 현재 둘레길 제4코스에 들어 있는 '벽송사–송대마을' 구간이 송대마을 인접 지역 주민들의 민원으로 인해 잠정 폐쇄되어, 금계에서 벽송사까지 간 탐방객은 다시 금계까지 돌아 나와 버스를 이용해서 마천면 문화마을까지 가서 여정을 이어나갔다고 한다. 그때 버스를 타지 않은 탐방객들이 얼마동안 오늘 내가 온 길을 제4코스의 일부 구간으로 이용한 적이 있었다고 한다.

그러나 지금은 민원이 해결되어 '금계–벽송사–송대–송전–동강'의 제4코스가 완성, 개통되었단다. 그래서 일부의 둘레길 지도에는 두 개의 코스가 아직도 그려져 있다고 한다. 이런 사정을 까마득히 몰랐던 나는 지도를 보고, 강을 따라가는 코스가 자전거를 타기에는 분명 더

임천강의 용유담龍遊潭, 겨울철이어서 물은 썩 많지 않다.

좋을 거라고 생각하였고, 코스 또한 더 가깝게 여겨져 이 길을 왔던 것이다.

탐방객은 이러한 정보를 가르쳐 준 뒤, 자전거로 이 길을 오느라 무척 고생 많았겠다고 위로의 말을 해 주면서, 이곳에서 40여 분 정도 더 가면 임천강 강변길을 만나게 된다고 하였다. 듣던 중 반가운 말이다.

탐방객과 헤어지고 자전거에는 올라 보지도 못하고 끌고 메고를 반복하면서 가파른 내리막길을 한참을 내려오니 갑자기 눈앞에 강물이 나타나면서 기어이 숲 속에서 빠져 나온다.

'용유담龍遊潭'이다.

용들이 헤엄치고 놀았던 용유담, 그럴 만도 하다. 지리산의 유명한 뱀사골, 백무동, 칠선계곡물이 하나로 모여 임천강을 이루고 그 임천강 상류의 물이 가장 깊고 넓게 소용돌이치는 곳이 용유담이라는 소沼이다. 기암괴석으로 둘러싸인 주변을 구경하고, 오른쪽 강변을 따라 새롭게 난 아스팔트길을 잠시 달려본다. 얼마 만에 안장에 올라 보는가, 페달링이 가볍고 경쾌하다.

그러나 시간이 흐르면서 하늘은 어둡고 눈발은 세차졌다. 얼마 전 산속을 걸을 때부터 눈은 내리고 있었다. 기온도 뚝 떨어지고 바람은 더 세차졌다. 아무래도 오늘은 여기서 돌아가야 할 것 같다. 60번 지방도로를 따라 금계를 향해 빠른 속도로 달려 주차한 금계초등학교로 회귀하였다.

광주로 돌아가는 길도 서두른다. 차창의 시야가 캄캄할 정도로 눈이 내린다. 인월로 가는 길은 벌써 눈이 쌓였고 속도를 내기에는 위험하다.

고속도로에 들어서니 눈은 더 많다. 라디오 뉴스에서 남부 지방과 서해안 지방에 대설 주의보가 내렸다 한다. 지리산 휴게소에서 남원 방향으로 가는 내리막길에는 차들이 줄을 지어 조심조심 내려간다. 시속 20, 30킬로 속도로 나아간다. 운전대를 잡은 내손에서 땀이 난다. 다행히 남원쯤 오니 내리던 눈이 잠시 멎는다. 여기서부터는 쌓인 눈도 많지 않았다. 긴장을 풀고 라디오를 켜 노래를 듣는다. 밤늦은 시간 집에 도착하였다.

금계마을과 용유담 사이에 있는 연리목連理木. 연리목은 흔히 두 나무가 하나로 연결된 경우인데, 이 곳 연리목은 수종이 다른 세 나무 즉 굴참나무, 층층나무, 팽나무가 서로 연결된 드문 경우이다.

지리산 둘레길 제4코스② 벽송사 뒷산을 잔차를 메고 오르고 내리다

새해 첫 라이딩을 나선다. 라이딩 장소로 집에서 가까운 곳 몇 군데와 지리산 둘레길을 놓고 어디를 갈 것인가 저울질을 한다. 역시 지리산 쪽으로 마음이 기운다. 지난해 마지막으로 갔던 지리산 둘레길 제4코스(금계-동강 코스)를 다시 가기로 한다.

제4코스는 길이 두 갈래이다. 지난번에는 금계에서 임천강을 따라 돌 많은 산길로 접어들었다가 용유담이 있는 모전마을로 내려왔었다. 오늘은 둘레길 제4코스의 또 다른 길을 간다. 현재는 이 길이 본 코스가 되어 있다. 금계마을에서 시작하여 임천강을 건너 칠선계곡 왼쪽 숲길로 올라가 벽송사碧松寺를 지나 산을 넘어 송대마을로 간다. 송대마을에서는 임도를 통해 동강의 송전마을(세동마을)에 이르게 된다.

금계초교에 주차를 하고 잔차에 올라 의탄교를 건너간다. 다리 끝에 세워진 표지판 안내를 보고 산길로 접어드니 곧바로 계단이 나타

벽송사 가는 숲길에서 바라본 지리산

난다. 잔차에서 내려 걸어 올라간다. 햇볕을 가리는 나무그늘 아래 고
즈넉한 숲길이 이어지는데 군데군데 설치된 나무계단이 어깨에 멘 잔
차를 무겁게 느끼게 한다. 몸도 풀리기 전부터 숨소리가 커진다. 시작
부터가 만만치 않다.

등산로 주변에는 허리 정도까지 자란 푸른 산죽山竹이 운치를 더해
주고 아름드리 키 큰 나무들 사이로 지리산 영봉들이 언뜻언뜻 스쳐
보인다. 칠선계곡을 흐르는 청아한 물소리가 도심에서 쌓인 시름을
금방 씻겨 주고, 푸드덕 소리를 내면서 계곡에 들어섰을 때부터 따라
오고 있는 이름 모르는 새 한마리가 홀로 가는 나그네의 동무가 되어

준다. 시누대숲을 지나고 나무계단과 돌계단도 지나면서 잔차를 메는 시간이 더욱 길어진다.

나무 가지 사이로 영롱히 비춰오는 햇살이 숲 속의 시야를 밝혀 발 아래 숨겨진 계곡과 건너편 도로까지를 바라볼 수 있게 해 준다. 계곡을 따라 올라오는 맞은편 아스팔트도로는 벽송사로 가는 차량도로임에 틀림없다. '저 길로 왔더라면 잔차를 끌지 않아도 되었을 텐데' 하고 생각한다.

이윽고 커다란 바위에 부조된 마애불상이 사방에 배치되어 있고, 동굴 속에 법당이 마련된 조금 색다른 분위기의 서암정사瑞庵精寺에 이른다. 서암정사는 벽송사의 부속암자로 6·25 때 지리산에서 무고히 죽어간 원혼을 위로하고 그들의 이고득락離苦得樂(고통에서 벗어나 극락세계로 감)을 염원하고자 불사를 하였다고 한다. 주변에는 자연석 바위로 만든 불상과 불화 작품들이 줄지어 서 있었는데, 작품 하나하나가 수년에 걸쳐 깎아 아로새긴 것들로, 보는 이의 감탄을 자아내기에 충분하였다.

서암정사를 나와 다시 벽송사로 향한다. 잠시 걸어 올라가니 숲길은 끝나고 금계에서 벽송사로 오는 도로와 만난다. 훗날 여기를 다시 오게 된다면 이곳까지 걷지 않고 잔차를 타고 올 수 있는 이 도로를 택할 것이다. 가파른 아스팔트길을 잔차에서 내리지 않고 허리에 와 닿는 통증을 감내하면서 가파른 호흡과 함께 한참을 업힐하니 벽송사 주차장에 도착한다. 잘생긴 진돗개 두 마리가 꼬리를 치며 달려온다.

벽송사는 우리네 역사와 호흡을 같이 하였다. 임진왜란 때 승병을

벽송사 입구에서 반겨주던 백구

일으켜 나라를 구하고자 하였던 서산대사와 사명대사가 수도를 한 절
로 유명한 곳이어서 일까, 나라의 안전을 기원하는 '안국당安國堂'이라
명명한 선원이 절 입구에 들어서자마자 보인다.

　뜰 가운데를 가로지르는 계단을 오르니 대웅전 뒤편에 범상치 않은
소나무 두 그루가 서 있다. 다름 아닌 벽송사의 명물로 널리 알려진
'도인송道人松'과 '미인송美人松'이다. 이름에 걸맞은 분위기를 자아내면
서 지리산을 마주보고 서 있다. 이 두 노거수는 그 기운을 받으면 도
인처럼 강건해지고 미인처럼 예뻐진다는 전설을 간직하고 있다. 도인
송 아래 잠시 앉아 휴식을 취하면서 건너편에 보이는 지리산 준봉들
을 바라본다.

도인송(우)과 미인송(좌)

벽송사 뒷산을 오르기 시작한다. 임도는 없고 등산로이다.

벽송사에서 송대마을로 가기 위해선 이 산을 넘어 3.8킬로를 가야 한다. 경사진 산길을 오른다. 도저히 잔차는 탈수 없으며 끌고 안고 간 다. 6·25 때 인민군이 벽송사를 야전 병원으로 이용할 정도였으니 주 변의 산세가 그들이 숨어들기에 충분할 정도로 깊고 높았다. 산길에 는 당시의 빨치산과 토벌군들이 서로 숨고 숨었던 '산죽비트' 모형이 재현되어 있기도 하고, 그 옆에는 총을 든 병사(마네킹)가 서 있어 흠 칫 놀라기도 한다.

이마에 흘러내리는 땀방울을 수시로 닦으면서 무겁고 짐스럽게 여 겨지는 잔차(평소엔 웬만한 일로는 애마 '부운'을 탓하지 않으나)를 어깨에 메고, 비탈길을 1킬로 정도 더 올라가니 드디어 능선에 다다른다. 산마루에 파란 하늘도 보인다.

시야가 훤히 트인 쪽에 자리를 잡고 호흡을 가다듬는다. 안장가방에서 김밥과 귤, 초코바 등을 꺼내 허기진 배를 달랜다. 큰 소나무에 등을 대고 구름에 가린 해를 바라보면서 반 세기전의 치열했던 역사의 현장에서 잠시 두 눈을 감아본다.

분단의 길이 있었다면 통일로 가는 길도 반듯이 있을 것이다. 길은 가야만 열린다. 그 길이 설혹 힘들고 고난의 길일지라도, 가시밭길이라 할지라도, 남북의 우리 민족은 하나가 되기 위해 통일의 길을 걸어가야만 할 것이다.

자리를 털고 일어난다.

불과 20~30미터 정도 가다 내려야 했지만 좁은 능선 길을 따라 그야말로 잠깐 잔차에 올라 페달을 밟아 본다. 그런데 그 맛이 꿀맛이다. 이내 능선 길은 끝나고 가파른 내리막길이 시작된다. 이제 올라온 만큼 내려가야 한다.

그런데, 길이 하얗다. 눈길이다. 가파른 내리막 경사 길에 눈이 덮여 있다. 전혀 예상치 못했던 일이다. 벽송사 쪽에서 올라왔던 길은 남향이었던 까닭에 햇빛에 눈이 다 녹아 있었지만, 이쪽은 북쪽이라 눈이 아직 남아 있었다.

벽송사 뒷산 길

송대마을로 내려가는 길

문제는 요 며칠 동안 따뜻한 날씨가 계속되면서 얼어 있던 눈이 녹아내리고 있었는데, 눈이 녹고 있는 흙길은 눈이 쌓인 길보다 한층 더 미끄럽다. 거기에다 가파른 내리막이다 보니 설상가상이다. 미끄러지지 않도록 주의하여야겠다고 마음먹었지만 초반부터 잔차를 메고 미끄러지고 넘어진다.

능선에서 송대마을로 내려가는 약 2.8킬로 길은 그야말로 고행의 길이 되고 말았다. 눈길, 흙길, 깎아진 비탈길이 계속되고 일부 구간은 오랫동안 사람의 통행이 없다가 둘레길을 만들면서 낫과 톱으로 나무와 산죽을 베어내 사라진 길을 새롭게 만들어 낸 그런 길이었다.

아니, 길이라 하기에는 조금 무리가 있었다. 예전에 이곳에 정말 길이 있었을까 하는 의구심마저 들었다. 어쨌든 이 구간은 나무와 산죽을 베어내고 땅을 파서 흙 계단을 만들었으며, 둘레길 개통을 위해 급조한 것은 아닌가 싶었다.

넘어지면 위험하다. 자칫하면 낫으로 벤 산죽에 찔릴 위험이 있고, 돌과 바위 위에서 미끄러지면 부상을 당할 수도 있다. 봄, 여름, 가을에는 그런대로 괜찮을지 모르지만 비가 온다든지, 눈 쌓인 겨울철에는 여간 조심하지 않으면 안 될 그런 길이었다. 그래서 지난번에 갔던 임천강을 따라 용유담을 지나 송전마을로 곧바로 가는 코스가 별도로 생겨난 것은 아닌가 싶었다.

그렇게 조심했건만 결국에는 잔차를 메고 넘어지면서 뒹굴고 말았다. 다행히 크게 다치지는 않았지만, 손등에 찰과상을 입었고 하마터면 왼쪽 갈비뼈를 다칠 뻔하였다. 겨우겨우 지친 다리를 끌고 송대마을에 도착하여 시계를 보니 금계에서 출발한 지 4시간 반이 흘렀다.

6킬로 정도 거리를 오는 데 많은 시간이 걸렸다. 그만큼 험로險路였

송대마을로 내려오면서 넘어진 지점

다는 것을 말해 준다. 오늘은 라이딩도 아니고, 등산도 아니고, 잔차를 메고 업고 그야말로 고행苦行을 하였다. 송대마을 표지석 옆에 주저앉아 두 다리를 주무르고 허리를 굽혔다 폈다 하면서 피로를 풀어 보고 에너지를 재충전한다.

둘레길 제4코스의 종점인 동강까지 가려면 아직도 절반이 남았다. 송대마을에서 송전마을, 운서마을을 지나 동강마을까지 약 8킬로를 더 가야 한다. 하지만 오늘은 여기서 마감하지 않을 수 없다. 시간도 없고 체력도 바닥났다.

오랜만에 안장에 올라 용유담(모전마을)으로 내려간다. 도중에 견불사見佛寺에 들러 세계 최대 천연와불상天然臥佛像을 감상한다. 세계최대 천연와불상은 견불사에서 바라보는 지리산 능선이 마치 부처님이 누워 있는 형상을 하고 있다고 해서 붙여진 이름이다. 이 모습은 송대마을을 지나는 둘레길과 60번 지방도에서도 볼 수 있다고 한다.

지난 연말에 왔었던 용유담에 도착한다. 여기서 금계마을 주차장까지는 임천강을 따라가는 도로를 달려가면 된다. 둘레길 제4코스의 종점인 동강을 오늘도 밟지 못하고 돌아서는 아쉬움은 있지만, 머지않아 다시 와 이곳에서부터 출발하여 '동강–수철'의 제5코스를 가게 될 것이다.

함양 상림上林,
위민정신爲民精神이 깃든
국내 최고最古의 인공림

　　　　　광주에서 110킬로를 달려 경남 함양군 소
재지에 도착하였다. 읍내의 공설시장에 있는 맛집에서 정갈한 찬과 함
께 추어탕으로 따뜻하게 점심을 먹고 상림上林 주차장에 주차한 후 부
운에 올랐다.

　신라시대 함양태수로 재직하던 고운孤雲 최치원 선생이 읍내를 가로
질러 흐르는 강물이 자주 범람하자 이를 예방하기 위해 강둑 주변에
나무를 심었는데, 그것이 오늘날 우리나라에서 가장 오래된 인공림인
상림공원이 되었다. 원래 시내 아래쪽에 하림下林도 있었으나 지금은
시가지의 일부가 되었고 상림만 남아 있다고 한다.

　최치원 선생은 신라후기의 대학자이다. 어려서 부친의 권유로 중국
의 당나라에 유학하여 학문을 쌓고 그곳에서 과거에 합격하여 벼슬을

하였으며, 그때 '황소의 난'이 일어나자 이를 마땅히 격퇴하여야 한다는 내용의 '토황소격문討黃巢檄文'을 지었다. 격문에는 선생의 뛰어난 문장력이 유감없이 나타나 있다고 한다. 장년이 되어 귀국한 그는 기울어가는 신라의 국운을 회복하기 위한 시무책時務策(당면한 일을 해결할 대책)을 조정에 건의하기도 하였으나 여의치 않았던 것 같다. 그래서 지방으로 내려가기를 자청한 그가 함양태수로 부임하게 되었다고 한다.

함양은 지형이 분지이고 고을 안으로 '위천渭川'이 흘러 비가 많이 오면 홍수가 자주 발생하였다. 이에 최치원은 위천의 양 둑을 보호하고자 호안림護岸林을 조성하게 되는데, 이것이 지금의 상림이 되었다. 천년이 넘는 역사를 가진 길이 1.6킬로, 폭 80~200미터, 넓이 6만여 평이나 되는 상림은 백성을 사랑하는 최치원 선생의 위민정신爲民精神이 깃들어 있기에 더 아름다운 것 같다. 관리가 백성을 대할 때 가져야 할 마음가짐의 표상을 잘 보여주고 있는 상림 앞에서, 선생의 높은 뜻을 다시금 상기하면서 두 손 공손히 옷깃을 여미지 않을 수 없다.

그동안 내가 가본 적이 있는 인공림은 전남 담양의 '관방제림官防堤林(조선 인조 때 담양부사 성이성이 담양천의 홍수를 막기 위해 조성한 방제림)'과 경남 하동의 '송림松林(영조 때 도호부사 전천상이 섬진강 강바람과 모래바람을 막기 위해 심었던 소나무 숲)'이 있다. 이 두 곳 또한 역사와 전통을 간직하고 있다. 하지만 두 곳에 비해 상림은 나무에 종류와 수가 한층 더 다양하고 그 면적 또한 넓다. 120여 종의 나무가 수백 년의 세월과 함께 사시사철의 아름다움을 간직하고 있다.

봄에는 싱그러운 신록이, 성하의 여름에는 녹음방초가, 청명한 가을에는 울긋불긋 색색의 단풍이, 그리고 겨울에는 가지가지마다 새하얀 눈꽃이 필 것이다. 그래서 함양이 고향인 사람들은 "고향은 잊어도 상림은 잊지 못한다."라는 말을 한다고 한다.

공원 내에는 사운정思雲亭(최치원선생을 사모한다는 의미인 듯), 함화정, 물레방아, 연꽃 밭, 체육시설, 그리고 함양을 빛낸 역사의 인물 11인(최치원, 정여창, 김종직, 박지원, 문태서, 유호인, 조승숙, 양관, 노진, 강익, 이병헌)의 흉상이 세워져 있는 '역사인물공원' 등이 자리하고 있다. 특히 연암 박지원은 중국에서 물레방아를 처음 보고 그 효용에 감탄하여 그 구조를 자세히 그려와 조선의 방방곡곡에 보급시켰다 한다. 실학의 대가인 그에게서도 따뜻한 위민정신이 느껴진다.

역사의 인물 11인상

공원 산책로를 일주하고 공원과 맞닿은 필봉산 산길로 접어든다. 초입의 숲길은 잔차를 거의 끌고 오른다. '산불감시초소' 부근에서는 함양읍 시가지가 한눈에 들어온다.

잠시 다운힐을 즐기면서 내려오는 도중에 세종대왕의 12번째 왕자인 한남군의 묘역을 만난다. 그에 묘가 어떤 연유로 여기에 있게 된 걸까, 한남군은 혜빈 양씨의 아들로 자신의 둘째 형인 수양대군이 조카인 단종의 왕위를 찬탈하자 그에 맞서 '단종복위 사건'을 일으키는 데 깊숙이 관여하여 결국 함양에 유배되고 나중에 세조가 내린 사약을 마시고 이곳에서 생을 마감한다.

단종과 관련된 역사는 모두가 슬프다. 한남군 묘역에서 사방을 둘러보니, 풍수에 문외한인 내 눈에도 그 풍광이 가히 '명당'이다.

한남군 묘역

묘지를 둘러보고 다시 오르막길을 따라가니 필봉산 정상인, 문필봉에 도착한다. 평화로운 함양시가지가 눈 아래 펼쳐진다. 잠시 휴식을 취한 후, 산을 내려와 공원 주차장으로 원점 회귀하였다.

먼 길을 다시 돌아가야 하는 귀가길이지만, 상림에서 배우고 느낀 점이 많아 마음은 뿌듯하다.

축령산,
사통오달의 임도가 있는 산

추운 날씨인데도 요즈음 꾸준히 라이딩을
하고 있다. 체력과 체중관리 차원의 운동이기도 하고, 머리를 맑고 가
볍게 하기 위한 레크리에이션과 힐링의 방편이기도 하다. 기온이 영하
로 내려가고 눈이라도 내려 길이 얼면 자전거를 싣고 집을 나서기가
망설여지지만, 일단 집을 나와 산길을 타면 두 세 시간 정도는 추위를
못 느끼고 차가운 겨울바람에 머리가 맑아지는 느낌이 든다.

자전거를 타면서부터 달리 하는 운동은 없다. 어디까지나 내 개인적
인 취향이지만, 실내에서 하는 헬스, 수영, 탁구, 배드민턴 등은 조금
답답할 것 같아 사양한다. 그렇다면 실외운동으로 자연 속에서 하는
것인데, 지난 수년간 해 온 골프는 상당히 재미가 있어 한때 빠져들기
도 하였지만, 경제적 비용이 만만치 않고 적어도 네 사람이 시간을 맞
추어야 하는 번거로움이 있다. 대학시절에는 취미 란에 등산이라 적
긴 하였지만 매주 산을 찾아가는 정도는 아니었고, 한 달에 한 번 꼴

로 산을 찾았다. 당시에는 산에 가면 꼭 지정된 장소가 아니더라도 텐트 치기에 적당한 곳이라면 어디서라도 야영을 할 수 있었다. 그러나 요즘은 사전에 대피소나 산막을 예약하여야 하기 때문에 산에 가고 싶다 하여 갑자기 훌쩍 나설 수 없다.

반면에, MTB는 상대적으로 쉽게 산에 접근할 수 있다. 대부분의 임도가 산의 정상을 통과하는 경우는 드물고 산 중턱을 따라 비스듬히 나 있기 때문에, 정상 정복에서 얻는 기쁨은 맛볼 수 없다 하지만, 임도를 따라 달리고 걷다 보면 숲길에서만 느낄 수 있는 또 다른 즐거움이 있다.

그리고 MTB는 우선 짧은 시간에 멀리 갈 수 있다. 상당한 투자비용을 요하긴 하지만 그만큼 재미가 있다. 특히 지루함을 떨쳐 버릴 수 있는 스릴과 속도감이 존재한다. 그리고 산길, 강길, 해변 길, 시골길, 섬길, 도시길 등, 하늘 길과 바닷길을 제외한 어떤 길이든 갈 수 있다. 그래서 잔차를 탄다. 잔차를 타기 시작한 지가 어언 7년이 되었고, 속도계의 누적거리가 1만 5천 킬로를 넘었으니 우리나라(남한)를 3차례는 일주한 셈이다.

장성의 유명한 편백나무 숲인 축령산은 MTB를 즐기기에 좋은 산이다. 광주에서 50킬로 반경 안에 있는 라이딩 코스로 내가 자주 가는 곳은 축령산 외에도 주암댐과 모후산, 곡성의 섬진강, 담양의 병풍산, 장성의 방장산, 영광의 불갑사와 용천사, 나주의 다도 댐과 그 주변 숲길 등이 있다. 그중에서도 축령산과 모후산 임도는 내가 가장 자주 찾는 코스이다.

축령산에는 길이 많다. 추암골에서 금곡 영화마을에 이르는 약 5킬로의 임도, 중턱의 편백나무 숲에서 모암마을과 대곡마을로 연결되는 임도, 천연기념물로 지정된 단풍나무숲으로 유명한 문수사 절로 가는 길, 산허리를 휘감고 도는 임도 등 이리저리 사통오달四通五達하는 길들이 많이 나 있어 지루하지 않고 갈 때마다 코스를 바꾸어 탈 수 있어 좋다.

봄, 여름, 가을, 겨울 어느 시기에 가더라도 좋지만 겨울에는 한번 눈이 오면 쉬 녹지 않는 음산陰山이다. 키 큰 편백나무가 빽빽하게 해를 가리고 서 있어 응달이 많고, 임도 또한 대개가 산의 북동쪽에 위치하고 있기 때문일 것이다.

축령산의 편백림

임도 초입에서 막 출발하려 하는데 뒷바퀴에 바람이 없다. 공기 주입밸브 옆이 찢어졌다. 펑크패치로 해결될 일이 아니다. '여기까지 왔는데……' 하고 어떻게 할지 고민했지만 다행히 자동차 트렁크에 패치 투성이(펑크를 수리한 흔적이 많은)의 헌 튜브가 있었다. 새 튜브로 교체하면서 헌 튜브를 버리지 않고 차에 넣어 두었던 것이다. 유비무환有備無患이다. 튜브를 교체하고 잔차에 오른다.

모암마을에서 서어나무재로 넘어간다. 서어나무재에 도착하니 내리막길 위에 하얀 눈이 덮여 있다. 조심해 전방을 주시하면서 눈길을 내려간다. 아슬아슬하게 낙차를 피하길 두어 차례, 눈 밑에 감추어진 얼음이 미끄럽다.

난 전방에 위험이 있으면 잔차에서 반드시 내린다. 지나온 세월의 수많은 낙차 경험과 두 다리에 난 영광의 상처들이 깨우쳐 준 노하우다. 그만큼 노련해졌다. 아니 세월과 함께 겁이 많아졌다고 하겠다.

영화마을(금곡마을)에 도착하여 다시 산의 중심부인 우물터 부근으로, 그곳에서 20미터 쯤 산길로 올라가면 인적이 드문 싱글 길 등산로가 있는데, 이 길을 따라 내려가면 모암마을 저수지로 연결된다. 이곳이 약 2킬로 거리의 인적이 드문 나만의 비밀 숲길이다.

한두 군데의 가파른 다운힐을 제외하고는 평지와 내리막으로 일관된 그야말로 사계절 아름다운 MTB코스이다. 오늘은 적당히 눈까지 쌓여 있어 더욱 좋았다. 눈과 그 아래 두텁게 쌓인 낙엽 위로 두어 차례 구르기를(낙차) 하면서 모암마을로 내려왔다.

오늘은 모처럼의 눈길 라이딩에 대만족이고, 특히 유비무환의 의미를 새롭게 새기는 기회가 되었다. 집으로 돌아오는 길에 자전거 숍에 들려 예비튜브를 하나 챙겨 자동차에 실어 두었다.

우물터에서 모암저수지로 가는 나만의 비밀숲길

영산강 겨울 라이딩,
광주에서 남악까지

2012년 새해를 맞아 첫 1박 2일 자전거 여행을 어디로 갈까 하고 고민하다 집에서부터 자전거를 타고 갈 수 있는 '영산강 자전거 길'을 가기로 결정하였다. 지난 며칠간 내린 눈과 영하의 날씨를 고려한 선택이었다. 코스와 일정은 광주에서 출발하여 나주, 함평, 무안을 지나 목포 하구언까지 영산강 하류를 따라 오늘 갔다 내일 돌아오는 것이다.

영산강은 전남 담양에서 발원하여 광주 시내를 관통하여 흘러가기 때문에, 집에서 가까워 자전거를 타고 20여 분이면 강변도로에 다다른다. 그래서 그동안 여러 차례 달려본 경험이 있다. 4대강 사업의 일환으로 강변이 지금처럼 정비되기 전에는 울퉁불퉁 흙길, 자갈길, 시멘트길 등이 혼재해 있어 MTB로 달리기에는 안성맞춤이었다.

현재 영산강 자전거 길은 담양에서 목포의 하구언까지 133킬로이다.

그동안 종주는 아니지만, 광주에서 담양까지의 상류길, 광주에서 목포까지의 하류길을 부분적으로 나누어 라이딩을 해 오곤 하였다. '홀로 라이딩'이 대부분이었지만 가끔은 아이들을 데리고 가기도 하였다.

영산강이 흘러가는 길목에는 이렇다 할 높은 산도 없고, 넓은 평야와 들판만이 이어진다. 그 사이를 유유히 흐르는 강물은 더할 나위 없이 한가롭고 여유롭다. 강변 풍경은 4대강사업이 끝난 지금도 변함없을까? 변했다면 어떻게 변하였을까? 자못 궁금하기도 하다.

평소에 배낭을 잘 메지 않는데 오늘은 모처럼 필요한 짐을 꾸려 등에 멘다. 오전 11시에 출발, 강변길로 들어서니 어제 그제 내린 많은 눈으로 바퀴의 구름이 느리고 힘이 든다. 뒤돌아보니 아무도 지나간 흔적이 없는 눈길에 내 잔차 바퀴자국만이 깊고 선명하다. 스스로가 부지런하고 용감한 잔차맨이라는 생각이 든다.

지난여름 그렇게도 싱그럽고 청초한 빛을 발하던 강변길 풍경은 겨울이 되면서 황갈색과 흰색으로 변하였다. 오늘은 세상천지가 온통 하얗다. 지난밤 내린 하얀 눈 위로 불어오는 맞바람이 매섭기 그지없고, 바퀴의 구름을 더디게 한다. 얼마 가지 않아 이마에 땀방울이 맺히고 온몸이 후끈 달아오른다. 그래도 하얀 눈으로 덮인 아름다운 산야는 페달을 돌리느라 애쓰는 두 다리의 수고를 충분히 보상해 주고 남는다. 승촌보와 나주를 통과하고, 영산포를 지나 죽산보에 이른다.

영산강에는 보洑가 2개 있다. 담양 추월산 용소에서 시원始原한 영산강 물줄기는 담양읍내의 관방제림官防堤林을 지나면서 담양천을 이루

영산강 자전거 길(광주천 길)　　　　　　　승촌보

고, 그 물이 광주로 흘러들면서 광주천과 합류하여 제법 강다운 모습을 갖춘다. 강물은 다시 광주시의 서쪽 승촌마을에 이르러 북쪽 장성에서 흘러온 황룡강과 남쪽 화순에서 시작된 지석강(두들강)을 합쳐 동아줄처럼 두툼한 흐름으로 변한다. 그곳에 승천보가 위치하고 있으며, 이 지역은 옛 부터 물이 많은 곳에서만 자생하는 미나리의 산지로 유명하다. 폭을 넓힌 강물은 광활한 나주평야의 젖줄이 되고, 또 다시 평야의 크고 작은 물줄기를 끌어 모아 죽산보에 다다라 그 깊이를 한층 더한다.

　잔차는 이제 나주평야를 지나 무안군으로 들어섰다. 영산강 8경 중 제2경으로 알려진 '무안 느러지 지역'을 바라본다. 강물의 형상이 커

죽산보 부근의 MBC 드라마 〈주몽〉 세트장이 위치한 곳

다란 S자 형태의 물 돌이를 만들면서 그 흐름이 늘어지기 때문에 '느러지'라 부른다. 이와 같은 물줄기는 낙동강의 하류 지역인 안동 하회河回마을에서도 볼 수 있다.

느러지를 한눈에 내려다 볼 수 있는 위치에 식영정息營亭* 이란 정자가 있다. 1630년 조선 중기의 학자 임연 선생이 소요逍遙(유유자적 자유롭게 지냄)하면서 후학을 양성하기 위해 지은 정자이다. "잠시 하던 일을 멈추고 휴식을 취한다."라는 정자의 속뜻을 따라, 잔차에서 내려

---

* '식영정'이라는 이름을 갖고 있는 정자는 이곳 외에도 또 있다. 광주의 무등산 기슭 광주댐 부근에 가면 '한국가사문학관'이 있고, 문학관 바로 옆에 식영정息影亭이란 정자가 있다. 이곳은 조선의 대학자 정철 선생이 〈성산별곡〉을 저술한 장소로 유명하다. 두 정자의 한자이름 중 가운데 글자가 하나는 '경영할 영營'자이고 다른 하나는 '그림자 영影'자이다.

잠시 강변길을 벗어나 산길로 돌아간다(느러지 부근)

영하의 기온에도 얼지 않고 도도히 흐르는 강물을 바라본다. 옛 선현의 뜻과 풍류가 느껴진다.

　오후가 되면서 달리는 잔차 속도는 더 늦어지고 있다. 해가 서쪽으로 기울면서 땅거미가 길게 드리워지기 시작하는데, 잔차는 아직 무안의 몽탄교 위에 있다. 아무래도 목포까지 가려던 당초의 계획을 변경하지 않을 수 없다.

　다리를 건너자 이정표에 일로읍 방향이 보인다. 오늘은 일로에서 자고 남은 일정은 내일 소화하기로 마음먹는다. 그리고 나니 여유가 생긴다. 서두르지 않고 천천히 페달을 밟으며 일로 읍내로 들어선다. 그런데 일로에는 숙박할 여관이 없단다. 하는 수 없이 라이트를 밝히고 이곳에서 10여 킬로를 더 가는 남악 신도시를 향해 빠른 페달링으로 쉼 없이 달려간다. 해가 지고 나니 어둠속에 기온은 뚝 떨어져 추위가 엄습해 오는데, 고갯길은 길고 멀다. 다리에 힘이 거의 소진될 무렵, 저 멀리 보이는 네온 빛이 반갑기 그지없다.

드디어 전남도청이 자리한 남악에 도착하여, 먼저 식당을 찾아 해물탕 한 그릇을 단숨에 먹어치운다. 맥주 한잔을 곁들여 생기를 되찾은 후, 여관을 찾아들었다.

다음날 깊은 잠에서 깨어나니 벌써 아침 9시이다. 서둘러 여관을 나서 어젯밤 왔던 길을 되돌아 일로로 나오니, 마침 5일 장날이다. 우시장牛市場도 열렸다. 덤으로 우시장을 구경하게 된 것은 행운이라 생각하면서, 우시장 안으로 들어서니 한창 송아지 경매가 진행되고 있었다. 생후 4, 5개월 정도 자란 송아지가 대부분이다. 송아지 등에는 경매가 적혀 있는데, 수송아지 한 마리 가격은 95만원부터 120만원 사이에서 낙찰되고 있다. 암송아지는 그보다 싼 가격이다.

그런데 송아지 한 마리 가격이 왜 이리 싼 걸까?

'한미 FTA 체결' 이후 미국산 소고기가 다량으로 수입되어 들어오게 될 거라는 예상과 턱없이 오른 사료 값 때문이란다. 비싼 사료 때문에 소를 사육하는 것이 더 손해라 한다. 축산 농가의 시름이 이만저만이 아닌 듯싶다.

지금으로부터 15년 전 난 일본에서 유학 생활을 하고 있었다. 홀로 사는 남자에게 하루 세 끼 식사의 해결은 만만한 일이 아니었다. 대개 아침은 편의점에서 파는 삼각 김밥 하나와 녹차 한 잔으로 해결하였고, 점심은 학교 구내식당에서 먹었다. 그러나 저녁만큼은 든든하게 배를 채우기 위해 직접 요리하여 먹는 경우가 대부분이었다. 가난한 유학생이 고기를 자주 먹을 수는 없어 채소 위주의 요리가 대부분이었지만, 체력유지를 위해 가끔은 돼지고기와 소고기도 사 먹었다.

소고기 요리 재료는 대형마트에서 사온 수입 소고기로 미국과 호주산이 대부분이었다. 일본 소는 '와규和牛'라 하는 흑소(털과 가죽이 검은색 소)였는데, 우리의 한우(누렁이)처럼 값이 비싸 거의 사 먹는 경우가 없었다.

당시 일본 축산 농가는 수입 소고기에 대항하여 와규의 품질 차별화로 맞섰다. 즉, 사육방식과 고기의 질로 승부하였다. 그리고 정부는 이를 지원하는 정책을 펼쳤다. 이제 우리도 그와 같은 방향으로 나아갈 수밖에 없다는 생각이 든다. 다행히 정부도 그렇게 대처해 가고 있는 것처럼 느껴진다.

시장 모퉁이에 위치한 국밥집에서 구수한 냄새가 전해 와 발걸음이 절로 그 집을 향한다.

김이 모락모락 나오는 유리문을 열고 안으로 들어간다. 평소에 자전거를 탄다는 주인아주머니는 머리고기가 가득한 국밥에 전을 서비스로 더 내놓는다. 잔차맨에 대한 배려이리라. 고마운 마음에 남김없이 다 먹고 났더니 나온 배가 더 나온다.

벌써 한나절 해가 높이 떠올랐다. 정오가 지났다. 시간상 더 이상 목포 하구언으로 내려가는 것을 포기하기로 한다. 기회는 또 있을 테니까. 오늘은 예서 돌아선다. 잔차의 핸들을 북으로 돌려 광주로 향한다.

사실은 두세 달 전부터 오른발 무릎관절이 조금씩 아파왔다. 지난해 가을부터 초겨울 사이에 집중적으로 지리산 둘레길을 제1코스부터 제5코스까지 자전거로 탐방을 하였는데, 그때 무리가 갔던 것 같다.

나주쯤 왔을 때, 기온은 더 떨어지고 바람은 더 세차진다. 속도가 느려지고 다리는 저려온다. 오후 6시, 해 떨어지기 전까지 광주에 도착하기가 아무래도 어렵겠다. 오른발 무릎 통증 때문에 페달을 왼발로만 돌린다. 자전거를 타면서 무릎에 이런 통증을 느껴보기는 처음이다. 아무래도 내일은 병원을 가 봐야겠다고 생각한다.

결국은 아내에게 전화를 걸어 승천보까지 마중 나와 주기를 청한다. 잔차맨의 굴욕이다.

안전 라이딩, 무리 없는 라이딩, 즐거운 라이딩이 잔차맨의 최고의 수칙인데 소홀히 했던 점을 반성한다. 가능한 빠른 시일 내 체력을 회복하여 오늘을 거울삼아 싱싱라이딩을 하여야겠다고 마음속으로 다짐해 본다.

곤방산,
웃고 갔다 울고 오다

〰〰〰〰〰〰〰〰〰〰〰〰〰〰〰〰〰〰〰〰〰〰〰

지난주는 전국이 꽁꽁 얼었다. 수십 년 동안 없었던 강추위였다고 한다. 눈도 내려 수도권은 교통난이 일어났다. 남쪽 지역도 첫눈치고는 많은 양이었다. 셋째 아이가 베란다에서 눈 내리는 모습을 보더니 "아빠 이 눈 쌓일 것 같아?" 하고 물었다. 다음날 아침, 눈 뜨자마자 창문을 연 아들은, "와, 눈 쌓였다" 하고 소리쳤다. 녀석은 그날 친구들과 눈싸움을 즐길 마음으로 아침밥을 먹는 둥 마는 둥 하고 학교를 서둘러 갔다.

오늘은 예년 기온으로 돌아온다는 예보를 접하면서 '부운'을 자동차에 싣고, 곡성의 기차마을 옆 오곡면사무소로 달려왔다. 섬진강 강변길은 그동안 몇 차례 혼자서, 그리고 식구들과도 함께 타 본 적이 있다. 그래서 오늘은 그동안 가보지 않았던 코스를 가기로 마음먹고 지도를 펼쳐 코스를 그려보았다. 강 서쪽의 곤방산을 넘어가는 임도를 이용하여 통점재를 지나 가정역과 압록유원지 사이에 위치한 봉조

곤방산과 마주하고 있는 곡성 동악산

리 농촌체험학교로 내려와 강변길을 따라 오곡으로 원점 회귀하는 그림이 그려진다.

종일 라이딩하는 것은 오래간만이다. 섬진강 지류인 오곡천을 따라 멀리 동악산을 바라보면서 시원하게 페달을 밟는다. 미산마을 입구에 다다르니 표지판이 서 있다. 그런데 표지판에는 내가 생각했던 것과 동일한 방향으로 자전거길 코스가 그려져 있다.

곡성은 섬진강을 따라가는 길, 폐선 기차 길을 이용한 바이시클 레일 등 자전거와 관련된 테마관광이 여타 지역보다 앞서 가고 있는 곳이다. 아마도 군청 내에 자전거 고수가 한 사람 있는 듯하다.

강변 라이딩의 단점은 갔던 길을 되돌아와야 한다는 것이다. 반대편 길로 돌아올 수 있다면 그나마 다행인데, 강 어느 한쪽 편은 차도인 경우가 대부분이다. 곡성에서 구례, 구례에서 쌍계사, 매화마을을 지나 하동에 이르는 길도 그러하다. 갔던 길을 되돌아오지 않고 원점 회귀하는 일주코스는 잔차를 타는 사람들에게는 정말 고마운 코스이다.

미산마을 앞으로 흘러내려오는 계곡은 보기에도 맑고 깨끗하다. 따뜻한 햇살을 받으면서 30분 정도 업힐하니 산기슭 조용한 곳에 '무각사'가 위치하고 있다. 이곳에서 잠시 곡성읍을 돌아보면서 휴식을 취하고 휴게소에서 사온 닭강정으로 허기를 달랜다.

곤방산 임도 초입

눈 속에 홀로선 '부운'

은빛 비늘처럼 반짝이는 눈에 입맞춤해 본다.

이제부터 본격적인 임도가 시작된다. 사르르 덮인 눈이 미끄러워 몇 번이고 잔차에서 내린다. 숲 속 나무 가지에 소복이 내려앉은 눈꽃이 햇살에 반사되어 눈이 시리도록 반짝인다. 모처럼의 라이딩에 만난 숲 속의 하얀 눈길은 즐겁고 신이 난다. 많은 사람이 분주하게 오가는 도시에서 한 발짝 벗어나면 산새 울음소리 예쁘게 들려오고, 맑은 계곡물이 졸졸졸 흐르는 별천지가 존재한다. 걱정과 시름을 모두 잊고 지금 이 순간을, 자연의 아름다움을, 계절의 변화를, 온몸으로 감지할 수 있어 마냥 기쁘고 좋다. 물고기 비늘처럼 반짝거리는 하얀 눈을 두 손에 받쳐 들고 한입 가득 넣으니 뱃속까지 맑아진다. 눈밭에 등을 대고 누우니 높고 푸르른 창공이 가슴에 안겨온다.

멀리 임도 정상 '통점재가 보인다

산 중턱쯤에 다다르니 눈이 쌓여 발목까지 빠져든다. 두 바퀴가 더디게 구른다. 이마에는 땀이 맺히고 핸들을 잡고 미는 두 팔에 힘이 더 들어간다. 고개 들어 바라보니 임도의 정상인 통점재가 아직 멀리 보인다. 뒤를 돌아보니 곡성읍 시가지가 아스라이 보인다. 고도가 높아질수록 눈은 더 깊어진다. 발목 정도의 눈높이가 이번엔 무릎 정도로 올라간다. 응달진 구비 길은 무릎 위로 올라간다. 잔차를 끌 수 없어 어깨에 멘지 오래이다.

눈 덮인 산속에 인적은 없고 동물 발자국만 이따금 보인다. 앞서 지나간 동물은 그나마 눈이 적게 쌓인 곳을 골라서 걸어갔다. 나도 그 뒤를 따라간다.

그런데 갑자기 커다란 동물 발자국이 나타났다. 그 크기가 토끼나

너구리처럼 작고 귀여운 동물의 것이 아니다. '그럼, 무슨 동물이지?' 등골이 오싹해진다.

멧돼지일까, 요즘 방송에서 멧돼지가 산 아래 마을까지 내려왔다는 보도를 자주 들었다. 특별한 천적 없이 날로 개체 수가 많아진 멧돼지들은 겨울이 되면 먹잇감을 구하기 위해 종종 산을 내려온다. 불안해진 마음을 다잡고 멧돼지와 조우했을 때의 대처요령을 떠올린다.

첫째, 놀라지 말고, 등을 돌리고 도망치지도 말 것

둘째, 똑바로 마주보면서 멧돼지가 지나가길 기다리거나

서서히 뒤로 물러날 것

셋째, 멧돼지가 흥분하면 큰 나무나 바위 뒤로 피할 것

이러한 요령을 상기하면서 앞으로 전진한다.

예전에, 영암의 백룡산 임도를 라이딩하면서 거대한 멧돼지와 마주친 적이 있다. 그 후로 멧돼지 대처요령을 암기하고 다닌다. 후각과 청각이 발달한 녀석들은 다행이도 사람이 오면 먼저 피한다고 한다. 피차간에 만나지 않는 것이 상수上手인 것 같다.

그때였다. 바로 앞 숲 속에서 짐승이 뛰쳐나온다. 놀라 멈춰 선다. 10미터 전방, 가파른 산비탈을 회갈색 동물 두 마리가 뛰어간다. 다행히도 멧돼지가 아니고 튼튼하게 생긴 산양 암수 한 쌍이다. 재빨리 사

진을 찍기 위해 스마트폰을 꺼낸다. 그러나 산양은 힐끗 이쪽을 쳐다본 뒤, 셔터소리보다 빨리 사라지고 만다. 반갑고 고마웠다. 커다란 발자국의 주인공이 산양이었음을 알고 나니 안도의 한숨이 나온다. 긴장이 풀리고 다리에 다시 힘이 난다.

통점재에 도착하였다. 이곳까지 오는 약 3킬로 길에서 1킬로는 즐기고, 2킬로는 그야말로 악전고투하였다. 이제는 내리막이다. 산 아래 봉조마을까지 약 4킬로, 자전거 핸들을 지팡이 삼아 미끄럼 타는 듯 내려간다. 눈도 이쪽 방향은 햇볕을 받아 많이 녹아 있다. 신발 속 양말은 완전히 젖어 버려 발가락은 얼음처럼 굳었다.

저만치 마을이 시야에 들어올 즈음 드디어 안장에 오른다. 그간의 고생이 말끔히 사라지고 페달링이 가볍고 경쾌하다.

봉조마을에서 만난 마을 어르신이 어디서 오는 길이냐고 물으시기에, "오곡에서 출발하여 곤방산을 넘어 왔습니다." 하고 대답하니, 깜짝 놀라신다. "눈이 많을 텐데, 고생 많았겠다."라고 하면서, "이곳 사람이 아니지요?" 하고 한눈에 알아본다.

그렇다, 오늘은 모르니까 용감했다. 눈 내린 곤방산이 이런 줄 알았으면 제아무리 '산중호걸(동호회에서 불리는 내 닉네임)'이라 할지라도 오늘 길을 아니 왔을 것이다.

축령산
편백림

◇◇◇◇◇◇◇◇◇◇

지난해 가을 울긋불긋 단풍으로 물든 축령산을 본 이래로, 3개월 만에 다시 찾아왔다. 그사이 해가 바뀌었고 산은 온통 하얗다. 오늘 보니 주차장이 있는 추암골 괴정마을은 예전과는 조금 다른 모습을 하고 있다. 새로 지은 한옥이 여러 채이고 마을 어귀에는 '행복마을'이란 문구가 들어간 플래카드도 걸려 있다.

수년 전부터 전국의 농어촌 지역은 지방자치단체들이 심각한 지역 인구감소 문제에 대한 대응책으로 은퇴자에게 초점을 맞춰 지원하고 조성한 한옥마을, 행복마을 등이 생겨나고 있다. 귀농, 귀촌자의 유입을 이끌어내기 위한 시책이다. 이곳도 그런 마을 중의 하나로 선정되어 자연부락 형태의 옛 모습에 새로운 분위기가 가미되고 있다. 어쨌든 전에 보았던 마을 모습과는 많이 달라졌다.

사실 축령산은 수년 전부터 변화의 바람이 일고 있었다. 50년, 60년 수령의 커다란 편백나무 숲이 방송을 통해 널리 알려지면서, '치유治癒

의 숲'이란 명성을 얻게 되었고, 멀리서 사람들이 찾아오면서 산 아래 골짜기마다 새로운 집들이 지어지고, 길도 새롭게 포장되고 있었다.

장성군이 앞장선 부분도 있고, 찾아오는 사람이 많아지면서 자연스럽게 집들이 지어지고 있다. 7, 8년 전 자전거를 타고 처음 이 산을 찾아왔을 때와 비교하면 산 주변의 모습은 격세지감隔世之感이다. 내가 이를 두고 맘에 든다, 아니 든다 하기보다는, 만물유전萬物流轉의 섭리에 순응하는 것이 옳을 듯싶다.

축령산에서 고개 들어 남쪽을 향하면 멀리 무등산 정상이 보이고, 뒤돌아서면 북쪽으로 천년고찰 문수사가 자리한 문수산이 있다. 산 앞뜰에는 널따란 들판이 펼쳐지는데 그 들판 한복판을 동서로 가르면서 가오리연 꼬리처럼 길게 흘러가는 강이 황룡강이다. 장성읍은 이 들판의 한자리를 차지하고 있다.

산줄기를 따라 내려오는 동서남북의 능선 아래 계곡이 있고, 계곡을 따라 거슬러 오르는 임도가 크게 네 갈래이다. 동쪽에는 모암마을 임도와 대곡리 임도, 서쪽에서는 통안마을 임도, 남쪽에는 추암골 임도, 북쪽에는 금곡리(영화마을) 임도가 그것이다.

어느 길로 올라가도 산 중턱에 조성된 편백나무와 삼나무 숲을 만날 수 있다. 편백나무와 삼나무는 둘 다 하늘을 향해 일직선으로 키가 크게 자라고, 껍질이 붉은색을 띤 줄기의 모양도 흡사하여 쉬 구별이 잘 안 된다.

일반적으로 두 나무를 쉽게 구별하는 방법은 나뭇잎을 보는 것이다. 편백나무 잎은 끝이 모나지 않고 곡선인 데 반해, 삼나무 잎은 끝

춘원 임종국선생의 조림 공적비

이 소나무 잎 마냥 가늘고 뾰족하다. 특히 편백나무는 다른 나무보다 '피톤치드'를 많이 내뿜어 그 향기가 참으로 그윽하다.

1950년대 후반 춘원春園 임종국林種國 선생은 사재를 털어 축령산에 편백나무를 심는다. 일제와 6·25를 거치면서 황폐해진 우리네 산을 푸르게 가꾸어야 한다는 신념 아래 생계도 어려웠던 그 시기에 세인에 웃음소리를 뒤로하고 나무를 심고 가꾼다.

그는 어려운 살림에도 불구하고 이곳에 적지 않은 투자를 하게 되어 더욱 가난해지고 만다. 가뭄이 들자 온 식구가 밤낮으로 물을 길러다 나무를 살려냈고, 채무와 온갖 역경을 견디어내어 조림에 성공한다. 선생의 인공조림은 차차 주변사람을 감화시키고 나중에는 국민적

관심을 불러일으켜 국토녹화에 선구적인 역할과 공헌을 한 공로를 인정받게 된다. 1970년과 1972년에는 국가로부터 철탑산업훈장과 5·16 민족상을 받기에 이른다.

선생의 집념과 노력으로 이루어진 편백림은 이제 산업화사회와 도시생활에 지친 많은 사람들에게 휴식을 제공하는 힐링의 장소로 바뀌었다. 근래에는 '숲 치유'의 효용이 널리 알려지면서 아토피 치료뿐 아니라 암 치료를 위한 안식처로도 알려져 있다.

오늘 추암골 입구에서 편백림까지 이르는 길은 하얀 눈길이다. 지난 연말연초에 내린 많은 눈이 아직 그대로 녹지 않아 흙이 보이지 않는다. 군데군데 얼어있는 곳도 많아 평소에는 단번에 오르던 길이었지만 오늘은 수차례 끌바를 하면서 올라야 했다. 많은 사람의 발자국으로 눈길 안에 또 다른 길이 만들어져 있다. 사람이 가지 않는 산속 길은 발목까지 눈이 찬다. 이윽고 편백림에 도착하니 백설의 숲 속 경치가 참으로 아름답다. 추운 날씨 탓인지 몇 사람의 등산객만을 만났을 뿐이다. 산속은 야단스럽지 않고 조용해서 좋다. 간간히 먹이를 찾아 후드득 날아가는 산새소리만 들려올 뿐이다. 편백나무 향은 있는 듯 없는 듯, 심호흡으로 들이마시는 공기는 맑고 투명하여 목마르지 않다. 춥다는 느낌보다는 차라리 시원하고 상쾌한 겨울 숲이다.

영하의 겨울날이라 할지라도 방안에 있기보다는 숲을 찾아 나선 것이 백번 잘 했다는 생각이 든다. 겨울철 라이딩은 옷도 여러 겹으로

두텁게 입어야 하고, 복면, 방한장갑, 따뜻한 물 등 이것저것 챙겨야
할 것도 많아 집 밖으로 나서기가 쉽지 않지만, 막상 나오면 그 기분
은 기대 이상이다.

산과 강은 우리의 기대를 결코 저버리지 않는다. 자연은 그 누구의
소유도 아니고 바로 즐기는 자의 것이라 하지 않았던가!

편백림 임도

상사호 일주
라이딩

광주에서 승주까지 호남고속도로를 85킬로로 달려와, 선암사 방향으로 들어서 857도로와 상사댐 방향의 지방도가 분리되는 지점에 이른다. 삼거리에 위치한 정자에 자동차를 주차하고 정오를 조금 지난 시각, 안장에 오른다.

십여 분 정도를 달리고 나니 체온이 오르고, 뺨을 스치는 바람도 그다지 차갑게 느껴지지 않는다.

상사댐 방향으로 가다보면 도로 오른쪽은 호수이다. 삼각편대를 이룬 수십 마리 오리 떼가 검푸른 호수 위를 한 바퀴 빙 돌아 수면 위로 내려앉는다. 왼쪽 울창한 소나무 숲은 산새마저 잠든 듯 아무런 기척도 없는 적막강산이다. 아, 난 이런 분위기가 좋다.

상사호를 완전히 일주하면 40킬로이다. 길은 모두 포장되어 흙길은 없고, 시계방향으로 돌면 두 곳의 고개를 넘는다. 비교적 평탄한 코스이지만, 주변 경치를 감상하면서 천천히 쉬어 가면 5시간 정도가 소요되는 상당히 긴 거리이다.

그동안 여러 차례 왔었지만, 호수를 일주하는 것은 오늘이 세 번째인 것 같다. 첫 휴식 장소는 도월마을 망향비가 서 있는 망향정이다. 호수 주변에는 군데군데 망향비가 서 있다. 비문에는 댐이 세워지면서 마을이 물속에 잠기게 되었고, 갑자기 실향민이 된 주민들이 곳곳으로 흩어져 살게 되었다는 애틋한 사연이 적혀 있다.

사람들은 젊은 나이 때는 고향을 떠나 대도시에서 사방팔방으로 열심히 뛰어다닌다. 각자가 나름대로의 꿈과 목표를 세우고 성공을 향해 부지런히 살아간다. 그렇다고 고향을 잊은 것은 아니고, 가슴속 깊은 곳에 향수를 안고 산다. 내게도 고향은 언제나 친구 같은 다정한 대상이다. 그리고 가끔 찾아가는 고향집은 아늑함과 휴식의 안식처가 되어 준다.

망향정에 앉아 호수를 바라보며 어린 시절, 어느 겨울날의 고향마을로 시간여행을 가 본다. 오늘처럼 따뜻한 햇살이 비추는 날이면 동네 한가운데 위치한 방앗간 양지쪽으로 하나, 둘 아이들이 모여든다. 아이들은 이곳에서 연을 날린다. 참연, 방패연, 가오리연 등 각자가 만든 여러 모양의 연들이 하늘 높이 어우러진다.

'동전치기'도 한다. 방앗간 벽에 일원 동전을 때려 낙하 위치가 상대의 동전과 한 뼘 간격 내에 떨어지면, 그 돈을 따는 것이다(이기는 것이다).

상사댐 가는 길의 망향비　　　　　　　　원고개에서 바라본 상사마을

　　연날리기, 동전치기, 그리고 술래잡기의 일종인 깡통차기 등이 그
시절의 놀이였다. 아이들은 몇 사람만 모여도 함께 할 수 있는 놀이거
리를 잘도 찾아냈다.

　　당시의 시골학교 아이들은 초등학교를 졸업할 때까지 야구공과 배
트를 직접 만져보지 못한 경우가 많았다. 열악한 학교 재정상 배구공,
축구공은 있었지만, 야구 장비는 없는 곳이 대부분이었기 때문이다.

　　시간여행을 마치고 다시 부운에 오른다. 출발 후 12킬로 지점에 이르
면 상사호 휴게소가 나온다. 1991년 광주 전남 지역의 식수와 농수, 공
업용수를 확보하기 위해 주암댐을 건설하면서 인근의 순천, 벌교 지역
에 필요한 물을 담수하기 위해 주암댐과 동시에, 주암댐과 연결되는 상
사댐(상사조절지댐)을 11.5킬로의 도수導水터널을 뚫어 건설하였다.

　　상사호는 그렇게 생겨난 인공호이다. 송광사로 유명한 조계산의 동
쪽 계곡에 물이 채워져 만들어진 호수이다. 물홍보관을 돌아보고 순

천방향으로 4킬로를 더 가면 우측으로 상사마을이 나온다. 마을 회관을 지나 뒷산으로 오르는 길이 원고개이다. 고개에 올라 마을 쪽을 내려보니, 마을 앞 넓은 논밭을 가로질러 이사천이 흘러가고, 그 뒤쪽 멀리 높은 산이 감싸고 있다. 드물게 보는 명가 터 마을이다.

원고개를 내려가면 순천에서 오는 58번 국도와 만난다. 국도를 따라가면 봉래정과 쌍지, 석흥 마을을 지나 이번에는 밤재를 넘게 된다. 멀리 고동산을 바라보면서 밤재를 내려오면, 이제부터 선암사 입구까지는 높낮이 없는 평탄한 길이다.

우측 호반에는 하얀 왜가리와 검은 오리가 먹이 활동에 열심이다. 그 사이에 유난히도 하얗게 빛나는 해오라기 한 쌍이 다정하게 외다리로 서 있다.

해오라기는 참 점잖은 새이다. 먹이를 찾아 이리저리 부지런히 움직이는 다른 새들과는 달리, 해오라기는 먹이를 찾는 것이 귀찮은 듯 강가에 그냥 서 있다. 마치 눈을 감고 졸고 있는 것처럼 보이고, 수풀을 스쳐가는 바람소리를 듣고 있는 것처럼도 보인다. 그러다 가까이 접근한 물고기가 보이면 갑자기 잠에서 깬 듯이 낚아챈다. 필요 이상을 탐내지 않는 해오라기의 먹이 활동이 청렴한 처사處士를 닮았다 하여. 해오라기를 다른 이름으로 청장靑莊(푸르고 단정함)이라 부르기도 한단다.

청장에 대비되는 새가 도하淘河(강을 헤집어 일렁이게 함)이다. 도하는 넓고 긴 부리를 가진 펠리컨을 닮은 새로 강가의 진흙과 물풀을

상사호 상류의 습지

쉬지 않고 뒤적이며 먹잇감을 찾는다. 덕분에 깃털은 흙과 오물을 뒤집어쓰고 부리도 흙투성이가 되어, 보기에도 딱한 모습을 하고 먹이를 찾아다니지만 항상 배고픈 모습이다(조선일보, 〈정민의 世說新語 (171)〉).

해오라기와 도하의 먹이 활동은 세상을 살아가는 사람들의 태도에 비견된다. 부귀富貴와 명리名利는 좇고 갖고자 애쓸수록 더 멀어진다. 해오라기처럼 욕심 없이 부족해도 만족하는 담담한 태도로 살아가면 맑고 소박하게 한세상을 건너간다고 할까.

멋진 자태의 해오라기 한 쌍을 바라보면서 잠시 페달을 밟으니 선암사 입구 삼거리가 나온다. 여기서 선암사로 갈 것인지, 지나갈 것인지를 망설인다. 오늘은 그냥 지나가기로 한다. 곧 4월이 되면 다시 올 것이기 때문이다. 선암사의 '선암매'와 홍매화를 보기 위해 와야 한다. 선암매는 수령이 500년이 된 큰 고목의 백매화로 천연기념물로 지정되어 있다. 작년에 보러 왔으나 개화시기를 맞추지 못해 활짝 핀 모습을 보지 못하고, 산사 뒤편에 핀 매실 꽃만 보고 갔다. 선암사에는 홍매화도 있는데 이 꽃도 개화시기가 늦다. 서두르지 않고 천천히 개화한다. 금년에는 시기를 잘 맞추어 활짝 핀 홍매화를 꼭 보고 싶다.

선암사 입구를 지나 3킬로 정도를 달려 출발지의 정자로 돌아왔다.

천수만 간월암과 청포대, 깨달음과 감동을 안겨 준 서해바다 청포淸泡

　　이번은 조금 먼 충남의 서산 천수만淺水灣이 목적지이다. 광주에서 200킬로를 달려 홍성IC에서 서쪽 태안반도와 안면도 방향으로 12킬로 정도 더 들어가면 간월암看月庵이 나온다. 간월암은 서해 천수만 넓은 바다를 조망하는 간월도에 위치한다. 조그마한 이 섬에는 암자의 본당과 또 다른 불사 한 채, 그리고 몇 그루의 나무만이 서 있다. 섬은 썰물 때는 육지가 되고 밀물 때는 바닷물 위에 떠 있다.

　　간월암은 작은 불사이지만 그곳에는 커다란 역사와 전통이 존재한다. 이름만 들어도 알 만한 고승들이 등장한다. 고려의 큰 선승인 나옹선사에서 무학대사, 조선 말 만공선사, 그리고 성철 큰스님 등이 그들이다. 먼저 나옹선사의 제자인 무학대사舞鶴大師('舞鶴'은 대사의 탄생설화에 연유한 것으로 대사가 태어났을 때 학들이 날아와 춤을 추었다는 뜻)는 이곳에서 수도를 하고 검푸른 밤바다 위에 환하게 떠오

간월암

썰물 때는 걸어가는 간월암

른 달빛을 보면서 깨달음을 얻었다 한다. 그래서 이곳이 간월암看月庵이
라 명명되어졌고, 득도한 제자(무학대사)에게 나옹선사는 더 이상 배
울 게 없다고 '무학無學'이란 법호를 내리고 하산케 하였다. 그 뒤 무학
대사는 태조 이성계가 조선을 세우는 과정에서 많은 역할을 하였다.

　고려의 숭불崇佛정책과 달리, 배불排佛정책을 내세운 조선에 와서 간
월암은 잠시 사라지고 마는데, 나중에 만공萬空선사가 중창하여 지금
에 이르게 되었다고 한다. 그리고 현대의 큰스님으로 추앙받은 '성철
스님'이 여기에서 수도 정진한 인연이 있다고 하니 간월암이 범상한
암자가 아닌 것 같다는 생각이 들어, 느린 걸음으로 천천히 돌면서 그
들의 가르침과 발자취를 다시금 생각해 보는 시간을 가져 본다.
　암자 앞마당에서는 아득한 수평선 저 멀리 천길 만길 그 거리와 깊
이를 가늠할 수 없는 서해바다가 보이고, 검은 파도가 끝없이 밀려왔

다 밀려가고 있었다. 장관이었다. 불완전한 인간을, 깨달음으로 이끌기에 마땅한 그런 경이로운 자연의 모습이 이곳에 존재하는 것 같은 느낌이 들었다.

이 지역은 간월암 외에도 유명한 것이 하나 더 있다. 바로 어리굴젓이다. 천수만에서 채취한 굴로 담은 어리굴젓이 조선시대부터 임금님의 수라상에 진상된 것으로 유명하다. 간월도 입구에 세워진 어리굴젓 기념탑에 새겨진 글에는, 천수만의 굴은 성장과정이 조금 색달라 어린 굴은 돌과 바위에 붙어 자라는 석화石花의 모습을 하다가, 다 자란 어른 굴이 되면 바위에서 내려와 갯벌에서 사는 토화土花가 된다고 한다. 또 이 지역에서 나는 굴은 표면에 작은 털이 있어서 양념을 하면 골고루 묻게 되어 발효가 잘 된다. 그래서 맛있는 어리굴젓이 탄생하였다고 적혀 있다.

새로운 것을 알게 되어 기쁘다. 이래서 "백문이 불여일견百聞이不如一見"이고, 이를 가능케 하는 자전거 여행이 좋다.
어리굴젓을 맛보기 위해 주변 식당을 찾아 들어간다. 굴솥밥 정식을 시켜서 반찬으로 나온 어리굴젓과 함께 맛있게 점심을 해결한다. 그 맛이 소문대로이다.

이제 간월호를 따라 '도비산 전망대'를 목적지로 하여 본격적인 라이딩에 나설 차례이다. 그런데 길이 여의치 않다. 마을을 빠져나와 널따란 간척지 농로로 들어섰는데 온통 진흙탕이다. 연초에 내린 대설

어리굴젓 기념탑

꽁꽁 얼어버린 간월호

탓이다. 그동안 얼어 있던 길이 날씨가 풀리면서 녹기 시작한 것이다. 반갑기 그지없는 흙길인데 진흙탕이다. 자전거 바퀴가 진흙에 미끄러지고 빠진다.

그런데 비틀비틀 농로를 지나 간신히 다다른 간월호에는 물이 없다. 국내 최대의 철새 도래지 중의 하나인 간월호는 물이 흐르지 않는 빙판이다. 호수는 그야말로 꽁꽁 얼어붙어 얼음판이 되어 있다.

수많은 오리 떼와 철새들을 기대하였는데 한 마리의 새도 보이지 않는다.

철새들은 빙판위에서 나래를 펴지 못하고 다른 곳으로 날아갈 수밖에 없었을 것이다. 모두다 지금쯤 어디에 있을까, 몹시도 궁금하다.

호수의 제방 길을 잠시 달려본다. 꽁꽁 언 호수를 지나온 바람은 한층 매서운 칼바람이 되어 귓불을 때린다. 제방과 지평선이 맞닿은 저 끝에 도비산이 있을 터인데 도저히 얼음 같은 맞바람을 뚫고 앞으로 나아갈 엄두가 나지 않는다.

어찌할 것인가, 전진할 것인가, 아니면 돌아설 것인가, 잔차를 멈추고 잠시 생각을 한다. 당초 계획은 도비산을 돌아 몽산포 해변으로 나와 숙박을 하고, 다음날 약 10여 킬로에 이르는 청포대·몽산포 해수욕장의 모래해변을 달려볼 생각을 하고 왔었다. 이런 계획으로 200킬로의 먼 길을 달려왔는데 일기가 도와주지 않는다. 도비산의 낙조, 간월호의 철새와의 만남은 훗날로 미룰 수밖에 없다. 대신 청포대의 해넘이를 보아야겠다. 왔던 길을 돌아 나와 자동차로 청포대 야영장 주차장으로 서둘러 달려간다.

아아!
청포대淸泡臺 해변,
검푸른 파도가 수없이 밀려오고
파도 저 뒤로 붉은 노을이 진다
하얀 백사장은 아득한 몽산포夢山浦까지 꿈같이 펼쳐지고
푸른 소나무는 해변을 따라 철도 레일처럼 사라진다.

마침 청포대 해변은 불어오는 해풍에 푸른 포말, 청포淸泡가 일고 있었다. 썰물로 인해 나타난 광활한 해변은 발끝에 힘을 주어 걸어도 결코 빠지지 않는 가는 백사白沙로 눈이 부셨고, 일렁이는 파도 저 멀리 빨갛게 물든 저녁노을은 한 폭의 아름다운 그림이었다.

지금까지 바다의 아름다움에 감동한 경험은 수차례 있었다. 그러나 지금 내가 바라보는 청포대는 그동안의 그 어느 장면보다 멋지고 아름다운 모습을 보여주고 있다. 이 장엄한 모습은 오랫동안 내 마음속에 기억될 것이 틀림없다. 한참을 넋 놓고 바다를 바라보던 나는, 주변이 벌써 많이 어두워지고 있음에 정신을 가다듬는다. 오늘은 예서 물러가지만 언젠가 다시 이곳을 찾아올 것임에 틀림없다.

청포대 해수욕장과 다시 만날 그날을 약속하고 광주로 향한다.

낙조 아래 밀려오는 청포淸泡

진도의 첨찰산 尖察山
한발 앞선 봄을 만나다

◇◇◇

광주에서 진도는 멀다. 우리나라에서 제주도, 거제도, 다음으로 세 번째 큰 섬 진도는 남도의 서쪽 가장자리에 위치하고 있다. 광주 무안간 고속도로에서 서해안 고속도로로 진입하여 목포를 지나 영산강하구언 방조제를 따라 진도대교까지 가는 데 약 2시간이 소요된다.

예전에도 진도를 다녀온 적이 있다. 2010년 여름에는 가족과 함께 조도를 일주한 적이 있는데, 아이들은 그때의 힘들었던 라이딩을 지금도 종종 이야기하곤 한다.

해남군 화원반도를 지나 진도로 진입하려면 진도대교가 있는 울돌목을 지나야 한다.

바다가 우는 듯한 소리가 난다 하여 울돌목이라 부르고, 한자어로는 명량해협 鳴梁海峽이라고 쓴다.

1592년부터 1597년까지의 임진왜란과 정유재란 기간 동안 이순신 장군은 17전 17승의 놀라운 전과를 올렸다. 그중에서도 12척의 군함으로 113척의 적함을 물리친 명량해전은 세계 해전사에 길이 빛날 전투였다.

이순신 장군이 삼도수군통제사에서 파직되고 나서 원균의 지휘하에 있던 우리 수군은 1597년 7월 15일 거제도 해역 '칠전량 전투'에서 대패하여, 원균은 전사하고 우리 수군은 160여 척의 군함을 잃고 말았다. 이순신이 일본의 침략을 대비하여 혼신의 힘을 다해 준비해 온 조선수군은 사실상 궤멸되다시피 하였다.

1597년 8월 3일 삼도수군통제사로 재임명을 받은 장군에게는 겨우 13척의 군함과 32척의 초탐선(적군의 동태를 살피는 첩보선, 배가 적고 승선 가능한 인원이 적어 전투에는 부적합)밖에 없었다.

9월 16일, 113척의 적함은 서해로 올라가서 평양, 함경도 방향으로 진격해 가는 육상의 일본군을 지원하는 목적을 갖고 울돌목을 통과하여 서해로 나아가고자 몰려왔다. 울돌목은 평균 폭 500미터, 길이 2킬로, 최저수심 1.9미터로, 유속 11.5노트의 급물살이 흐르는 암초지대였다.

조선 수군은 장군의 지휘하에 "살려고 하면 죽고, 죽으려 하면 산다(生卽死, 死卽生)"는 용기로, 적함이 가까이 다가올 때까지 일렬횡대로 침착하게 기다렸다. 적의 선두가 울돌목에 이르자 해협의 양쪽에 설치된 물레가 돌아간다. 물레는 바닷물 속에 감춰놓았던 쇠줄을 감아올리기 시작한다. 이 쇠줄에 선두의 적함이 걸리고, 뒤이어 오던 왜군의 배들이 서로 뒤엉키기 시작한다. 혼란에 빠진 왜군을 향해 우리

수군이 일제히 공격한다. 31척의 일본군함이 격침되었고 지휘관 구루시마 미치후사는 전사하였다.

최악의 상황에서 쟁취한 승리였고 호남의 제해권을 되찾았으며, 사실상 정유재란의 운명이 갈리는 명량대첩이 되었다.

1904년 러일전쟁에서 러시아의 발틱 함대를 물리친 일본군 제독 도고 헤이하치로는 자신을 영국의 넬슨 제독에 비유하여 '군신軍神'으로 치켜 올리자 다음과 같이 이야기하였다 한다. "넬슨은 군신이라 할 재목이 되지 못한다. 세계해전사世界海戰史에 있어 군신이라 할 수 있는 제독은 이순신 한 사람뿐이다. 이순신과 비교하면 나는 하사관도 못 된다."

울돌목을 지나면서 장군의 인격, 용기, 전술, 지모, 그리고 살신성인殺身成仁으로서 나라를 지켜낸 우국충정의 숭고한 정신을 다시 한 번 상기하면서 옷깃을 여민다.

진도읍에 들어서 공설운동장 주차장에 주차를 하고 출발을 하려 하는데 자전거 뒷바퀴에 바람이 없다. 튜브 공기밸브가 망가져 있다. 다행히 자동차에는 여분의 새 튜브가 있었다.

임도의 초입은 시멘트 길이었지만 곧이어 푹신한 흙길로 바뀐다. 넉넉하고 완만한 산길이 이어진다. 길가에는 푸른빛을 띤 새싹들이 고개를 내밀었다. 이곳은 벌써 따뜻한 남도의 봄기운이 찾아왔음을 느낀다.

겨울철의 일기예보를 듣고 있으면 광주의 기온은 서울에 비해 최고

진도 공설운동장 뒷산 임도

최저기온이 2도정도 높고, 여수, 고흥, 완도, 진도 등의 남해안은 광주보다도 1, 2도가 따뜻하다. 그래서인지 겨우내 얼어 있던 길은 이제 살며시 녹아 바퀴가 흙속으로 살짝 잠기고, 그만큼 구름은 느리지만 안장의 엉덩이에 느껴지는 감촉은 푹신하다. 나뭇가지 끝에는 붉은색을 띤 새가지가 자라나고 새가지 끝에는 새눈이 총총히 자리하고 있다.

'힘이 들지도 않고 참 좋은 산길이다.'라는 생각을 하면서 느긋하게 고갯길 정상에 다다를 무렵, "장하시네요, 여기까지 자전거를 타고 오시다니" 하고 산책 나오신 아주머니께서 말을 걸어오신다. "감사합니다, 운동 다녀오십니까?" 하고 나도 서둘러 인사를 올린다.

타인으로부터 "장하다"는 말은 참으로 오랜만에 듣는다. 참 기분 좋은 말이다.

장하다는 말의 사전적 의미는 '대단하고 훌륭하다'는 뜻이다. 우리 말 중에서도 특히 아름다운 말인데 요즘에는 그렇게 자주 듣는 말이 아니다. 물론 문장 속에서는 종종 읽고는 있지만, 예전만큼은 아니다.

세 어르신들이 저만큼 걸어가신 다음에도 난 장하다는 칭찬의 여운에 잠겨 있었다. 그리고 나도 남들에게 장하다는 말을 자주 해 주어야겠다고 마음먹었다.

산길을 내려가니 맑은 개울이 흐르고, 양지쪽에 옹기종기 집들이 모여 있는 마을이 나온다. 사천리이다. 마을 앞을 지나 좌측으로 첨찰산(485미터)을 바라보며 잠시 달리니 쌍계사 입구의 '운림산방雲林山房'이 나온다. 조선후기 남종화의 대가 소치 허유 선생이 작품 활동을 하였던 곳이다. 산방의 전시는 전에 와서 본적이 있고, 시간 관계상 오늘은 들르지 못하고 산방 앞 차도를 따라 상록수 푸르른 고갯길을 올라 두목재에 이른다.

두목재에 오르니 우측으로 멀리 '신비의 바닷길(고군면 회동리와 의신면 모도리 사이의 바다가 조수간만의 차에 의해, 길이 2.8킬로 폭 40미터의 바닷길이 열린다. 매년 봄 축제가 개최되고 있다)'이 있는 남쪽 바다가 전망된다.

좌측으로 진도 기상대를 바라보면서 첨찰산 입도로 들어선다. 산의 북쪽이라 그런지 군데군데 고드름과 얼음이 보인다. 완만한 업힐 길은 전혀 힘들지 않고 시원한 조망을 선사한다.

첨찰산 임도에서 바라본 '신비의 바닷길' 방향

좌측 정상에 보이는 둥근 돔 모양의 건물이 기상대이다

두목재에서 2킬로쯤 가니 왼쪽으로 산 정상과 기상대로 올라가는 길이 나온다. 대단한 경사길이다. 올라가 볼까 하고 잠시 망설이다가, 직진한다. 출발 전 튜브 교체로 인해 시간이 넉넉하지 못하였고 훗날 다시 올 때에 대한 남김이다.

여기서부터 멀리 진도읍으로 들어가는 국도 18번을 만나는 지점인 정거림재까지는 오르막과 내리막이 반복되는 약 8킬로의 호젓하고 조용한 임도가 첨찰산 허리를 감고 계속된다. 국도를 만나 좌회전하여 1.5킬로 정도 가면 출발지인 공설운동장으로 원점 회귀한다. 총라이딩 거리는 20킬로, 소요시간은 5시간 정도였다.

라이딩을 끝내고 진도 군청 가까이에 있는 맛집을 찾아가 이곳이 아니면 좀처럼 맛보기 어려운 이 지역 특산요리인 '쇠고기 뜸부기국'으로 저녁을 맛있게 먹었다. '뜸부기'는 톳과 비슷하게 생긴 해초인데 진도에서도 조도 근처에서만 나는 귀한 특산물이라 한다.

다음은 해남의 오랜 사찰인 미황사가 있는 달마산으로 갈 예정이어서 차량으로 해남읍으로 이동하여 숙박을 하였다. 내일이 기대된다.

　매일 똑같이 반복되는 일상에서 잠시 벗어나는 여유, 여행이 없다면 삶은 얼마나 무미건조할까. 여행도 여러 가지이다. 장기, 단기, 해외, 국내, 열차, 자가용, 대중교통, 도보 등 그 기간과 장소, 그리고 이용 수단에 따라 느낌도 달라진다.

　자전거 여행은 자전거를 이동수단으로 한다. 먼 곳을 목적지로 할 때는 대중교통을 이용하기도 하고, 가까운 곳을 갈 때는 단독으로 갈 수도 있다. 목적지에 도착하면 자전거는 빛을 발하기 시작한다. 우선 행동반경이 넓어져 주변의 경치 좋은 곳, 문화 유적지, 삶의 현장 등을 더 많이 가 볼 수 있다. 걷는 것보다 더 경쾌하고 지루하지 않다. 자동차가 갈 수 없는 산길과 들길, 강둑길과 좁다란 농로로도 갈 수 있다.

　지난 10년 동안을 돌아보면 자전거를 타지 않았더라면 가 볼 수 없었던 곳, 바꾸어 말하면 자전거를 탔기 때문에 갈 수 있었던 곳이 무척 많다. 이제껏 한 번도 보지 못했던 풍경도 보았고, 가 본 적이 없었던 장소도 가 보았다. 그리고 다양한 삶을 살아가는 사람들도 만났다.

　라이딩을 하다 보면 정해진 길만 따라가지 않는다. 처음에는 계획했던 길로 가다가도 새로운 길이 나타나면 호기심과 모험심이 발동한다. 미지에 길에 대한 설렘과 기대가 그곳으로 인도한다. 그리하여 자연 그대로의 처녀지라도 만나게 되면 그 기쁨은 이루 말할 수 없다. 이 또한 자전거가 주는 기쁨이다. 대수롭지 않은 나의 라이딩 기록을 책으로 엮게 된 것도 자전거를 통해 얻게 된 기쁨과 즐거움을 보다 많은 사람들과 나누고 싶기 때문이다.

MTB를 타고 급경사 산길을 오르는 것은 자기와의 싸움이고, 자기 한계에 대한 도전이다. 헉헉대면서 숨이 턱까지 차오를 때는 주변의 경치도 눈에 들어오지 않는다. 천신만고 끝에 정상에 섰을 때의 감동은 흘렸던 땀만큼 넘치고 진하다. 내리막 다운힐에서는 스릴과 속도감을 맛볼 수 있지만 낙차의 위험이 도사리고 있으니 항상 조심하여야 한다. 그래서 '오르막은 건강의 지름길이고, 내리막은 사고를 유발하는 길'이라고 말한다.

특히 MTB는 내면에 잠든 모험심을 자극한다. 라이딩 횟수가 쌓여갈수록 더 멀리, 더 높이, 더 깊이, 더 험준한 산길을, 더 아슬아슬한 해안 길을 찾게 된다. 안전을 위해서는 동행인이 있는 것이 상책이지만, 사정이 여의치 않으면 홀로 가게 된다.

홀로 라이딩은 나름대로 묘미가 있다. 깊은 산속 숲길을 홀로 가다 보면 외로움을 느끼기도 하지만, 숲에는 새들의 노래가 있고 예쁜 야생화와 솔향기가 있으며, 때로는 산토끼, 노루, 오소리, 꿩과도 조우한다. 그리하여 외로움은 자유로움으로 바뀌고 자신과의 대화도 가능해진다.

자전거를 타는 즐거움에서 빠뜨릴 수 없는 것 중 하나가 동호인들과 함께하는 라이딩이다. 대회나 투어를 같이 준비하고 선배 라이더가 초보 입문자에게 노하우를 전수하면서 강과 산, 바다를 달리게 되면 정도 쌓이고 우정도 깊어진다. 이렇게 맺어진 인연으로 자전거를 떠나 일상생활에서도 서로 돕고 지내는 사이가 된다.

함께하는 라이딩 중에는 가족동반 라이딩이 있다. 자전거를 타는 사람들의 공통된 바람 중 하나는 사랑하는 가족과 함께 자전거를 타고 대자연의 아름다움을 바라보는 것이다. 아빠, 엄마, 아이들이 상쾌한 강바람을 맞으면서 평소에 나누지 못했던 이야기를 주고받기도 한다. 서로 격려하면서 뙤약볕 내리쬐는 산 고개를 올라서면 가족애는 절로 생겨난다.

돌아보면 10년 전 단풍으로 물든 산속을 달리는 MTB 사진 한 장에 끌려 시작된 나의 자전거 라이딩은 즐거움과 힐링의 연속이었다. 바쁜 일상 속에 자전거를 타기 위해 더 부지런히 일했고, 잠자는 시간도 아꼈다. 때로는 정말 바빠 한동안 자전거를 타지 못할 때도 있었다.

그러나 망중한忙中閑의 여유가 진짜 즐겁다고 하지 않았던가. 바쁜 시간을 쪼개 어찌 어찌 틈을 내어 기어코 타보는 자전거의 매력, 그 즐거움은 분명 다시금 삶의 활력으로, 그리고 내일을 향한 건강함으로 내게 되돌아왔다.

끝으로 이 책을 기획하고 멋지게 편집해 주신 박문사의 윤석현 사장님과 김선은 과장님께 진심으로 감사의 마음을 전합니다.

더 많은 사람들이 자전거와 함께
대자연을 만나기를 간절히 소망하면서,

2015년 9월

김정구

남도 자전거 여행

초판 인쇄 2015년 10월 5일
초판 발행 2015년 10월 12일

지은이 김정구
발행인 윤석현
발행처 박문사
등 록 제2009-11호

주 소 서울시 도봉구 우이천로 353 성주빌딩 3F
전 화 (02) 992-3253 (대)
전 송 (02) 991-1285

전자우편 bakmunsa@daum.net
홈페이지 http://www.jncbms.co.kr
책임편집 김선은

ISBN 978-89-98468-77-4 03690   정가 18,000원